富人講究
窮人將就

右錄吳海先生風水句
歲在乙未大冀范書

Joyful
Life
18

大師風水

富貴典藏版

住對房子富貴一輩子

不一樣的風水致富真相

吳海揚／著

旺山旺向

來龍當運

吉方

富貴線

Joyful Life 18

大師風水──住對房子，富貴一輩子：不一樣的風水致富真相（富貴典藏版）

作　　者　吳海揚
美術編輯　李緹瀅
特約編輯　李佳靜
主　　編　高煜婷
總 編 輯　林許文二

出　　版　柿子文化事業有限公司
地　　址　11677臺北市羅斯福路五段158號2樓
業務專線　（02）89314903#15
讀者專線　（02）89314903#9
傳　　真　（02）29319207
郵撥帳號　19822651柿子文化事業有限公司
投稿信箱　editor@persimmonbooks.com.tw
服務信箱　service@persimmonbooks.com.tw

初版一刷　2016年03月
二版一刷　2024年05月
定　　價　新臺幣399元
I S B N　978-626-7408-36-0

業務行政　鄭淑娟、陳顯中

國家圖書館出版品預行編目(CIP)資料

大師風水──住對房子,富貴一輩子：不一樣的風水致富真相（富貴典藏版）/ 吳海揚著. -- 二版. -- 臺北市
: 柿子文化, 2024.05
　面；　公分. -- (Joyful life ; 18)
ISBN 978-626-7408-36-0(平裝)

1.CST: 堪輿

294　　113005516

好評推薦

顧佳斌
上海鳳翔開發公司前董事長

吳老師是我見過最直言不諱的風水大師，他不會只挑你愛聽的話說，而忠言難免逆耳，有時候會真的讓人聽起來很不是滋味，甚至澆滅你對某件事的滿腔熱情，可回過頭仔細想想，又覺得不得不聽——因為照做了以後，總能在不經意之間趨吉避凶。

我和老師間亦師亦友的情感，就是在這十年裡從一次次的溝通和交鋒中培養起來的。老師很可愛，有時分享到興致高昂之際，即便別人沒有請教他，他也會毫無保留的道出風水中的玄機重點，沒有心機去留一手。

這次老師出書，或許也是玩心興起，卻在不經意中福澤了有緣人——能讀到這本書，並用好這本書的，便是有福之人！

邱繼緯
二〇一五年年度台灣房屋總冠軍

在現今資訊發達的社會裏，風水學已不是迷信與神佛的表徵，反倒是應用各種統計與證據，來幫助人們開啟平安與福氣的人生。

吳老師與我們熟識已近三十年，這些年來，聽老師的經驗分享與成功印證，就如同讀一卷豐盛的寶典，是許多良善與正向的集結。實在不得不佩服老師一路以來的堅持與追蹤，如今才能讓有福氣的廣大讀者們，一次閱讀這麼一位大師的多年智慧累積。

透過老師細膩的文字與描述，相信書中一篇篇的真實故事，會帶領讀者們更了解風水的奧妙與人生道理。真誠推薦，值得您細心品嚐。

林永杰、吳秀春夫婦

貴人難求，我們何其幸運，能得到吳老師這位大貴人的幫助！

當病魔之手伸向我們家時，全家人都陷入恐慌與無助之中，不過，順儷建設許總的一句話，開啟了我們和老師的第一次接觸。不同於一般風水師老是要人擺放一大堆無奇不有的擋煞物品，吳老師建議我們做的是修改大門、床位，僅此而已。

在聽從老師的意見進行調整之後，我們的求診之路從沒有把握到有六〇%的成功機率，到最後一位醫生跟我們說：「我從沒失敗過。」我們重獲了新生！此外，小孩的課業也因床位調整，在班上的排名現已離前十名不遠，這在以前可是天方夜譚呀！

這一切，當然我們自己也得努力，但能像這樣有如神助般的順利和大進展，吳老師玄空風水的巧妙安排絕對功不可沒！再次謝謝吳老師讓我們突破困境，謝謝。

姚純莉

十年前我開過好多店，要麼不賺錢，要麼就是虧，折騰得人仰馬翻，人生一度跌到谷底，只剩下一顆不認輸的心！所幸機緣之下，透過朋友介紹認識了吳老師。雖然在這之前也接觸過數次風水，但那些所謂的大師，都是指點一二過後就沒再碰面，所以我對風水並沒有概念，只認為是一種心理安慰。然而，這樣的想法在認識吳老師後徹底改變了。

經過一次次的見證，我體悟到先前的諸多不順，竟與自己的住房息息相關。有些人就是好命，隨便買就買對房子，八年前的我雖然費勁心思，仍找不到一流風水的住宅，但我選擇先換一間風水中等偏上的房子住，一住就是八年。這段期間我親身體會到，好風水就如一陣清風，雖然看不到、摸不著，住進去後卻能明顯的感覺到愈來愈好！

這次，我終於找到連吳老師都心動的住宅了，裝修後搬入，吳老師對我說：「對你，我已經放心了，等著看八年後的自己吧！」

認識吳老師這十年，見證不下百間房子，讓我深深感歎中國古老文化的神奇！吳老師是我的恩師，是我的摯友，更是我的貴人！既然上天沒能讓我們一開始就有福氣住進好風水，那麼有幸讓大師指點，何嘗不是另一種好福氣呢？

吳老師是個自信又謙虛的人，他常說：「我只是把好風水複製給你們而已！」低調、善良、真誠、一諾千金……，就是他的最佳寫照！

感恩菩薩！感恩吳老師！

人稟天地之氣而生，乃生者不能不死，
故生必有宅，死必有墳。
若宅墳俱吉，則人鬼均安。
人安則家道興隆，鬼安則子孫昌盛，
是以人當擇地而居，尤當擇地而葬。

——《水龍經》——

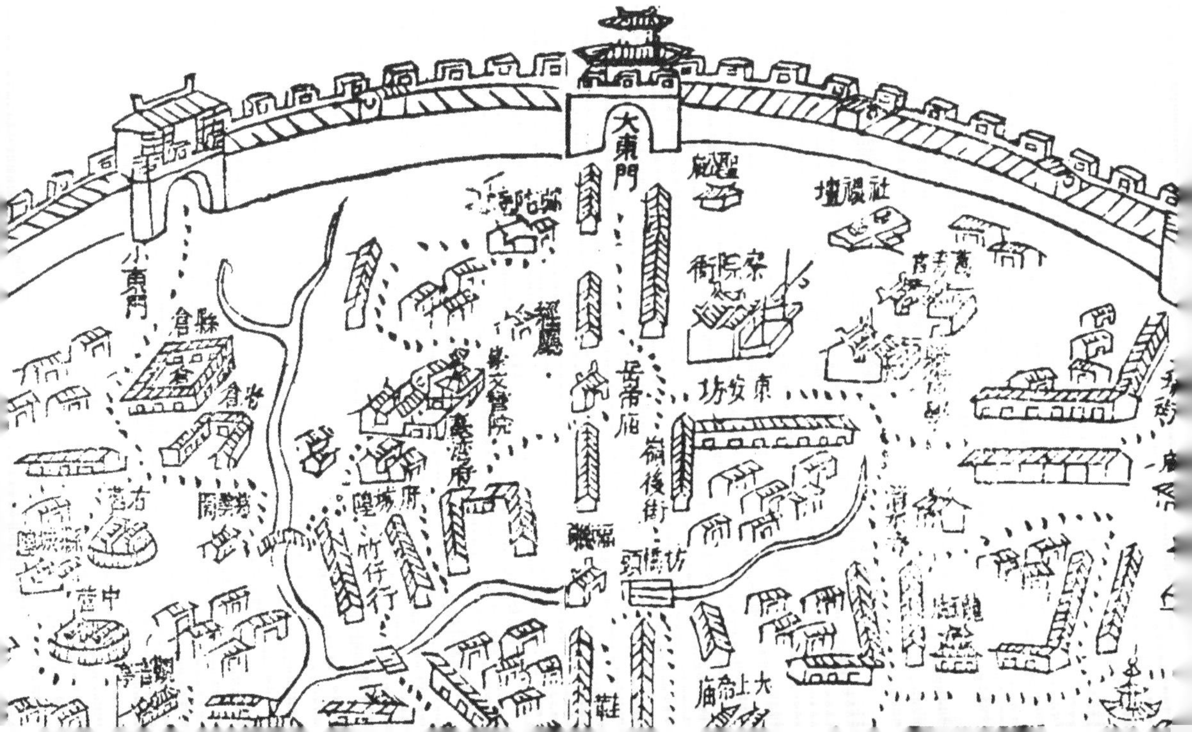

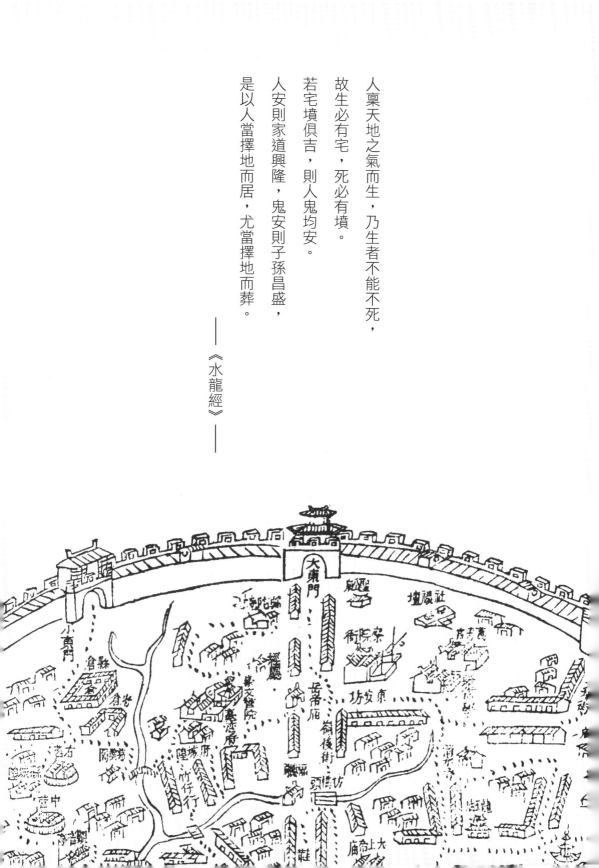

周流八卦，顛倒九疇，察來彰往，索隱探幽，
承生承旺，得之足善，逢衰逢謝，失則堪憂。

——《飛星賦》——

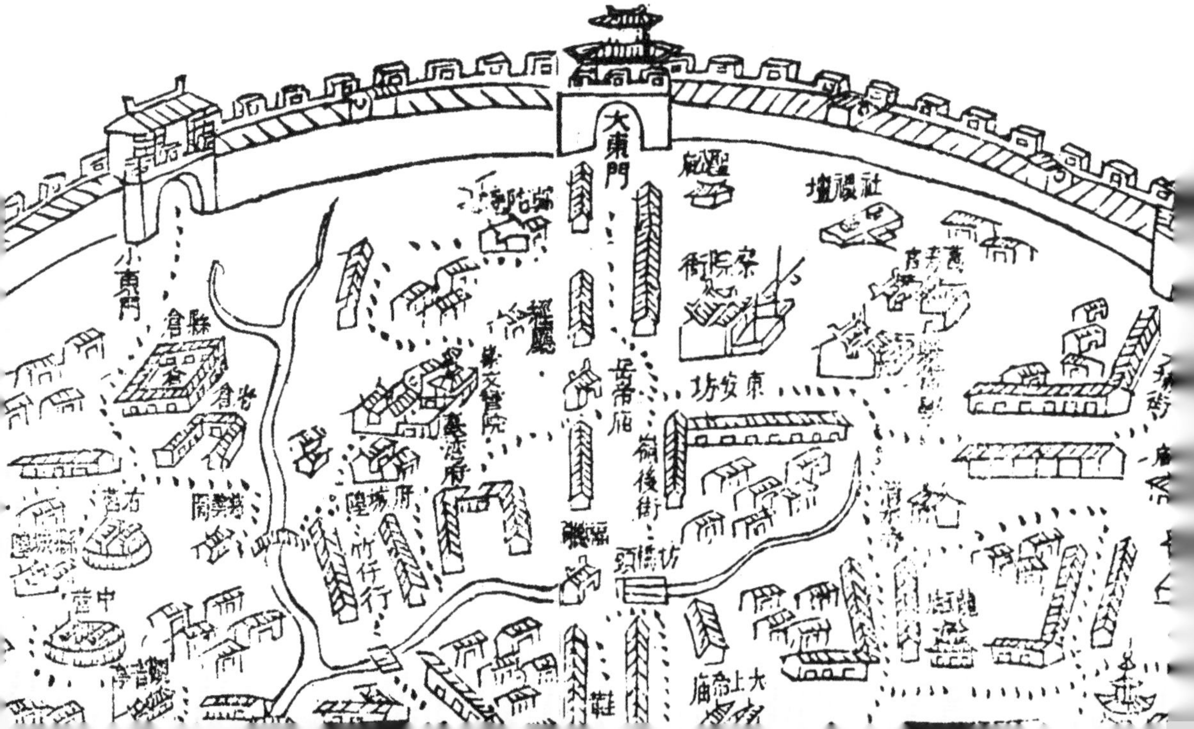

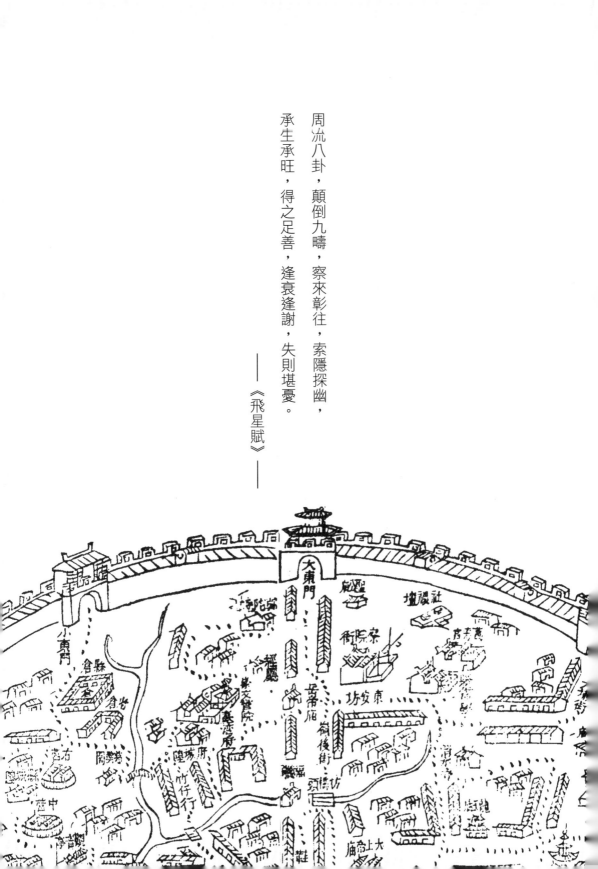

第4章 買房、租屋前必備的風水基本常識及眉角

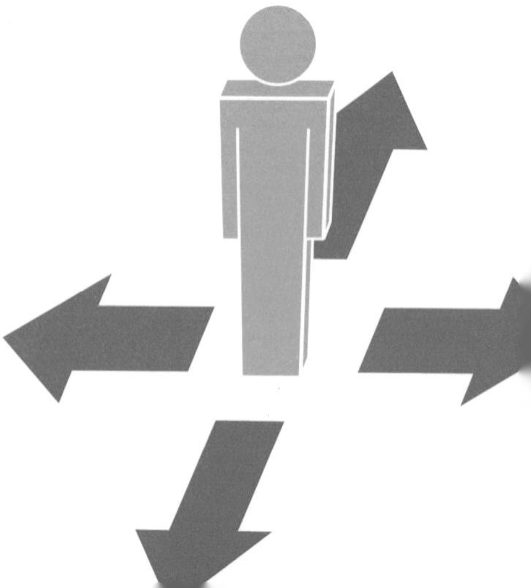

第6章 風水運用在企業上，準確率100%

第7章 別錯過！風水大師三十年看家本領大公開

作者序

研究風水多年以來，我常常招來很多異樣的眼光，許多人都看不起風水師，認為風水是迷信，是詐騙。然而事後回想，其實也不能怪他們，因為現代社會的詐騙集團太多……。

在風水學裏，常有一些不懂裝懂的人假扮風水大師，使得風水學淪為神棍或江湖術士招搖撞騙的工具。

風水學是一門奧祕又浩瀚的學問，帶著濃濃不可思議的神祕性，也因此讓很多人對風水產生了好奇，若能運用得當，風水的確能改變人的命運！

彈指之間，三十年就過去了，我對風水的理解和研究，因為有了無數個案的經驗累積，終於踏入更深的境界。就是因為這些親身實驗和見證，讓我更加肯定風水的高明性和重要性，因而決定出書跟大家分享我的諸多心得。多年來，我一直在思索要如何才可以寫一本能讓讀者傳子傳孫、又可以發富的好書，也許，現在正是好時機，正是將中國五千年文化傳承下來的風水真相公諸於世的時候了！

我的風水之路

從小因為家境清貧，我嚐盡人情冷暖，堂兄弟們的家都有田地，唯獨我家沒有。我的父母生於日據時代，沒有機會讀書，天性卻善良質樸。父親是個老實憨厚的長工，工作時間長，薪資也不高，還常常吃悶虧，如此獨撐家計，壓力實在很大；母親看在眼裏，為了分擔經濟上的負擔，時而賣菜、賣煤炭，夫妻倆含辛茹苦的將孩子拉拔長大。我原有一兄一姊，在家裏排行老么，但母親因為同情別人家更窮苦的孩子，又領養了三個女兒，於是家計的擔子就又更沉、更重了許多。

大哥大我十二歲，十分好學不倦，他年少時，每天凌晨四、五點就起來讀書，只有育達商職畢業的他，還跌破眾人眼鏡地考上了醫學院呢！努力奮鬥多年，大哥終於開了自己的牙科診所，而且薄有聲名，於是在中壢市區買了一棟房子，為一家子贏得滿庭光彩。當時，鄉下人要在市區買房子是非常不容易的事，所以母親相當以大哥為榮，而一家人也面子十足、興高采烈地搬進去住。

然而，我們都沒想到，這間房子是吉中有凶的坤宅，不到兩年，母親就在那棟房子裏去世了，這件事是我心中最大的傷痛。

當時我還在當兵，並沒有住家裏，對風水的研究也沒那麼透徹，等我真正在風水界有點成績時，父親也過世了。我將父親的棺木設在富貴線上，結果大哥一家七口出了六個醫師，成了標準的醫生世家，這是相當不容易的事，也驗證了風水的神奇性；而我，也開始躋身風水大師的行列，聽我指點規劃房子風水的人，幾乎沒有不成功的。雖然親手規劃的家族祖墳，尚非我心中的一流風水，有些小小的缺點，但和過去相比，已經是雲泥之別。

每一個人的命運中，似乎都有某一種宿命，我可能就是對五術命理有一點天分，早年學習紫微斗數的時候，幾乎是不到幾個月，就可以算得神準了！但是算命術只可以算命，無法調整命運，更別談更改命運了！

有一天，我看到蔣大鴻先師的一句話：「人葬出賊寇，我葬出王侯。」我猛然醒悟，這不就是：把風水做好，我也可以當王侯了嗎？懷著半信半疑的態度去接觸研究玄空風水學，沒想到這一晃，就近三十年了！

我的風水理論，運用了新的研究、統計方法並搭配易學之理，是「實證」的科學風水，所以真切的希望大家可以用另一種眼光來看待。本書所舉的每一個故事全是真人真事，而且都是我親身經手的案例，希望這能讓大家看到玄空風水的博大與精深，並破除常見的迷思和錯誤觀念。

風水考驗人性

接觸風水學多年，我有一個很深的感觸，風水是考驗人性的，風水會先考驗你的疑心，再往上一層考驗你的決心，最後才是考驗感恩的心！若大家都相信風水、運用正確的風水，也許這世界的苦難就不會那麼多了。

風水，其實講究緣分也講究福分，我相信這是菩薩的安排。五術命理自古以來匯聚了多少先聖先賢的智慧，能夠參閱一部分的天機，讓我運用風水成就許多朋友的富貴、成就與平安健康，真的是很有福氣的一件事！真誠冀望本書的出版能夠造福更多有緣進入風水學的讀者，讓人人都能從風水學中得到恆久的裨益。

窮算命，
富風水。

大　師　吳　風　水

先生
小姐

No.0026

風水格局圖	度數	地址	看屋日期
	座向		回診

第1章 為什麼我們需要風水？

風水診斷

問題

建

首富最重視企業風水

你可能也聽過坊間流傳著這麼一句話：「窮算命，富燒香。」然而以我之見，應該是——窮算命，富風水。綜觀古今中外，凡有身分地位、有能力的人，都將買宅、選宅當作一件極為重要的事情，尤其是聰明的富人，他們通常眼光長遠而獨到，懂得運用風水的優勢來鞏固自己多年的基業。

只要你夠細心，絕對不難觀察到，許多政商名流、明星、富翁都非常講究風水。

大家可能會很意外，我的風水啟蒙恩師其實是——臺灣前首富蔡萬霖先生！

那已經是一九八二年的事了，當時正值盛年的蔡萬霖，帶著剛學成歸國的蔡宏圖巡視各地分公司，在一場演說上談論到風水學的重要性。然而，蔡萬霖這一席話不只是對臺下的員工們說，同時也是給兒子最深切的叮嚀。

其實，那也是我第一次聽到「風水學」這個名詞。國泰蔡氏家族各房子孫，目前在臺灣金融界的地位舉足輕重，除了在家業上的努力，長輩蔡萬春、蔡萬霖、蔡萬才等人對風水的重視，其實也對整個家族的興旺功不可沒。

新舊址都風水大吉的國泰總部

早期，國泰人壽的舊址是在臺北市襄陽路一號，很幸運的，正座落在富貴線上；至於現在松智路上的國泰世華金融集團總部，我也仔細觀察過，那是棟十足大吉的風水設計。

國泰總部是一棟座南朝北的大樓，大門開在北方，而且座落在富貴線上。接著，再從外觀上來看，整棟大樓的形狀方正大器，下面的幾層樓面基地寬大，高層樓比較小，給人一種很穩固的印象和感覺——正符合風水學上**「以型取氣，以氣轉型」**的**「以型取氣」**，就像一個人的外表對其內在有一定程度的重要性和影響力，一個房子外型方正、穩固，也會對長時間在裏面生活的人產生同樣的正面影響。

風水小知識

關於座向的迷思

提到風水，大家最常有的迷思就是房子座向的問題。有不少人愛買「座南朝北」的房子，臺灣俗諺中就有「座南朝北，賺錢穩達達」這一句話，也有很多人喜歡「座北朝南」的帝王座向……，然而大家卻忽略了，風水其實有很多需要搭配、融合的細節，並不是買了一個「座向」吉祥、門開在哪邊的房子，就能保證一定富貴！

我們再來看看國泰集團現今的狀況，其資本額已高達一千二百五十六億元新臺幣！行事低調的現任董事長蔡宏圖是標準的孝子，對父親的話都謹記在心，相信他對風水也相當重視。蔡宏圖領銜的國泰世華金融集團目前在臺灣各地擁有相當多的不動產，而且大都是在城市內的精華地段，加上數十年來國泰世華的土地政策都是只租不賣，所以他應該是目前臺灣最大的地主了！

圖1-1 房子的外型方正、穩固，會對在裏面生活的人產生正面的影響。

做生意要講究風水的馬雲

另一位篤信風水的大人物，就是二〇一四年的亞洲新首富——馬雲。

馬雲曾經發表過這麼一句話：「別人和我講科學，我卻相信風水。」而在二〇〇八年，馬雲在接受採訪時這樣講過：「做生意要講究風水，你覺得好就會愈來愈好。」

馬雲甚至認為，中國許多企業的成敗，是可以從辦公室的風水看出來的。他在香港第一次租辦公室時，直覺樓層太高，他認為公司設置在太高的樓層是不好的風水，還猜測前面租的公司一定是倒閉了。經他調查詢問，果然之前關了六家公司，最後他自然是沒租這間辦公室。馬雲認為，要將公司遷入一間辦公室或大樓前，一定要查一下之前公司的營運狀況，事實上，馬雲的阿里巴巴所設立的七個分公司，個個都經過精密的風水考量。

另一位重視風水的企業家，就是穩坐亞洲首富寶座多年、號稱「李超人」的李嘉誠，白手起家的他一生篤信風水，據說還有御用的風水師呢！這位受到李嘉誠充分信賴的風水師曾經這樣表示過：「簡單的說，風水就是人與環境的關係。」

許多不懂風水的人，會以為這門學問十足迷信，早該淘汰了，然而事實上，**風水可說是最科學的科學**，而且經過我多年仔細的觀察研究，已有愈來愈多的外國企業開始運用風水來彌補西式管理的不足，很多西方企業大亨相信，東方神

風水小知識

注意！並不是所有高樓層的房子都不好喔！

房子位於建築物樓層的高度，在風水上是有方法評估其好壞的，並不是住在高樓層就一定是大壞，還是要從富貴線、方位等整體風水來評估考量。

祕的文化——風水學是促進企業不斷成長，並保證業績蒸蒸日上的不二法門，可以應付愈來愈競爭的世界市場。

一門學問之所以流傳了數千年，至今仍有許多人在運用，始終未曾消失，一定有它存在的理由。這些年來，我一路摸索自學，驚喜的發現到風水學的內涵與智慧是如此的浩瀚無邊，也愈來愈能體會，每一個人的成就都需要依靠好風水來相輔相成，並更加肯定——風水，就是成功富裕的一把關鍵鑰匙！

大師叮嚀

比爾．蓋茲也篤信風水

二〇〇八年出版的小說《華爾街風水師》，實在暢銷得不得了，作者本人是現居紐約的中國頂級風水師，他把畢生的風水學經驗都融入了故事當中——據說，他還是比爾．蓋茲的御用風水師呢！事實上，比爾．蓋茲曾經在接受《華爾街日報》採訪時提到，他在世界上的任何地方開微軟分公司時，都會請風水師看風水，風水師沒看過，絕不輕易進駐。愈頂級的企業家，愈相信風水，事實上，好風水也都使他們大富大貴，所以說，風水的影響力絕對不容小覷。

風水比命格更重要

「一命，二運，三風水，四積德，五讀書。」古代的先賢先聖們為了鼓勵後輩，整理出幾種影響命運的生命現象，訓示我們先天命格雖然很重要，但絕對不能忽略後天的努力，而風水就是其中一個我們可以控制的選項。

親身證實風水的確能改變命運

研究探討風水學多年，雖然一一證實了風水可以改變命運，卻往往是運用「反證法」驗證的，我一次次深刻體會到的其實是——風水往往比命運來得重要。

我自己就是一個最好的案例，三十歲以前，我其實不相信算命，一直到八〇年代，臺灣正逢工商業起飛，而我面對的卻是接踵而來的不順遂，甚至不得不賣掉唯一的房子來脫困。後來，因緣際會之下，我開始學習起紫微斗數，結果發現自己的財帛宮之主星，竟是命中注定一生無法聚財。當時我心想：「我這一輩子，難道只能這樣嗎？」（不，我可不願意向命運低頭！）而在接觸風水之後，我對命運又有了新的燃點與希望。

我學習的是玄空風水，祖師爺是明末清初人稱「地仙」的蔣大鴻，他說過一句名言：「人葬出賊寇，我葬出王侯。」正是這句話，給予我無限的鼓舞，因為**人的命運是有機會變得更好的！**如今，我也可以很有自信地說出自己的名言：「他人建宅出賊寇，我的設計出富侯。」事實上，風水可以改變命運的神奇力量，早就已經從一個個案例得到了明顯的印證。

我的父親在民國八十六年仙逝，家人選定葬在龍潭公墓，入土當日，我用羅盤謹慎的反覆測量，就是為了確定父親的棺木是設在富貴線上。幾年過後，家族的發達興旺已經明顯可見，尤其是大哥一家，七口人竟然就出了六個醫生！

風水小知識

玄空風水祖師爺——蔣大鴻

蔣大鴻生於萬曆丙辰年（西元一六一六年），世代居於江南松江府華亭張澤（今上海一帶），卒於康熙五十三年（西元一七一四年），享年九十八歲，是明末清初的玄空風水學宗師，亦為詩人。蔣大鴻幼年喪母，中年喪父，自幼隨先父學習地理風水之術，多番舉證其謬誤之處。後來，他獲得無極子的風水真傳，再博採各家之法學習，像是吳天柱的水龍法和武夷道人的陽宅法。經過十年苦學，他開始遊歷大江南北，遍訪古今的名墓大宅，親身驗證理論的精確性。如此實踐十餘年，終於成為中國一代風水宗師，著有《陽宅指南》、《水龍經》、《古鏡歌》、《天元五歌》、《地理辨正》等十餘本書，對後世影響極為深遠，而他，也被後人尊稱為「地仙」。

這是我的風水實驗當中，十分引以為傲的一個成功案例。

免洗餐具界三大亨，三樣人生

我的友人當中，有三位是免洗餐具界的大亨，全是事業有成的生意人，但他們後來的境遇竟因風水而有了天差地遠的差別。

就稱呼這三位朋友為A君、B君、C君吧！他們三人在一個夜晚慕名來訪，與我討論事業狀況。言談當中，我得知A君公司規模最大，看起來實力最強；B君的廠房和住家都是租來的，他白手起家，看起來實力比較普通；C君住宅廠房都有一定的規模，而且都是自己的房子，也沒有貸款，但企業沒有A君來得大。

在幫他們看過風水後，A君工廠、住家均不吉，我建議他立即搬家，否則事業將面臨困境，但他婉拒了：「我現在財務吃緊，留著的錢是用來周轉的，拿來搬家實在太浪費了……。」結果第二年，他的企業竟然就倒閉了。C君呢，則因為保守經營，事業一直處於穩定狀態。

至於B君，雖然命格平凡，工廠和住家的風水也都很普通，但他很希望可以讓公司營運更加發達，所以總是非常謙虛誠懇地向我請教大大小小的事，我看他為人坦率篤實，也是竭盡全力幫忙。不出幾年的時間，B君的事業成長讓人驚豔，還蓋了新廠呢！如今公司規模之大、財富之富裕，常令周遭朋友感到欽羨。

「命好不一定富貴」的祕密

學習紫微斗數三十年來，常發現「命格好的人沒什麼財富，大富大貴的人，命盤卻普普通通」，這些例子讓我相當疑惑，但在接觸玄空風水後，一切終於恍然大悟——我可以大膽的說，風水能夠決定命運的好壞，而好命壞命已不是最重要的事了。

一個好風水，可以引領命運往好的方向前進的。過去我剛開始學風水時，還無法體會它的影響力竟如此深遠，只要能夠看得準，風水要超越命運，根本不是什麼問題！不知道你是否也跟我有同樣的發現，一般的算命師父都很難成富，但精於風水學的人，生活基本上都不虞匱乏，然而，大部分的民眾卻都輕忽風水的重要性，實在讓人惋惜。

曾經，有位朋友這樣跟我說：「命好的人，不用看風水。」我倒是認為：「好命的人，更要重視風水。」一個人要成功並不容易，若在先天上已有較好的命格，難道不該更加小心謹慎的維持或讓它更好嗎？請大家仔細想想，我們一年三百六十五天，一輩子數十寒暑，實在有太多時間都待在家中（或公司），長期下來，要說完全沒受到所居建築的任何影響，是說不通的。風水正是人們長久以來賴以生存的經驗法則，與日常生活、一個人的生命息息相關，別太固執，從現在開始，正確看待風水、運用風水，為自己吸引龐大的正面能量吧！

大師叮嚀

換個風水，換個腦袋

鴻海集團董事長郭台銘曾說過：「換個環境，就換個腦袋。」這句話其實是很有道理的，風水也一樣，任何房子都有它的磁場，來自大自然的光線有著不同的光波，我們生活在一個空間，就會受到光波和磁場的影響，這也就是說，**身體的一切會隨著環境因素的改變而產生化學變化，而思想也會隨著環境而改變。**如果你是處於好風水的磁場，人就會變得積極上進，身體自然就健康，並且向成功富裕邁進；如果你是處在壞的風水環境，就容易腦筋糊塗、行事逾矩，對事情判斷產生錯誤。

健康不生病，風水真的大有關係

我們都知道，一個人的健康和飲食、習慣、生活環境有著密不可分的關係，而風水便是「環境」的其中一個重要因子！風水和健康不只有關係，還很密切！風水學的古籍裏，早就有很多這方面的論述。

- **子癸歲，廉貞飛到，陰處生瘍：**子癸是對應水，和下腹部有關，代表腸癌或子宮頸癌。
- **青樓染疾，只因七弼同黃：**七弼（指破軍）同黃是指七和五交會，這種狀況也可能變成愛滋病（AIDS）。
- **庭無耄耋，多因裁破父母爻：**家族當中沒有老人，主父母亡。
- **酉辛年，戊己吊來，喉間有疾：**酉辛是指七，戊己為六，六與七相碰，主食道、喉嚨癌變等等。
- **乳癰兮四五：**是乳癌，也是子宮頸癌。

上述這些古書典籍裏，提到風水與健康的相關論述，經過我多年的研究、驗證，發現很多都神準到令人直呼不可思議。正是觀察到這樣的事實，我這些年在看房子的時候，都會鐵口直斷，希望對方要重視這些建議，**別拿自己的生命開玩笑**。

在現在的社會裏，研習五術風水的人，不一定有機會研習科學；擁有地球科學專長的人，未必識得醫學；學醫之人也不一定精於風水學……，各種學問皆備者，實在寥寥無幾，不過，經過多年的鑽研風水，並與現代醫學理論做結合，還真的見識到了風水和健康的緊密關係。

環境負離子

臺灣大學教授孫安迪醫師是免疫學博士，同時潛心於能量學、氣功、禪修，孫教授就認為風水能量的特徵是「振動」，這是相當了不起的見解。他曾請多位禪修及練功多年者一起感受能量，並測試空氣中的陰離子（負離子）濃度，結果顯示氣場好的空氣中，陰離子含量比較高。

一般來說，陽離子（正離子）作用於交感神經，陰離子作用於副交感神經，而在正常的情況下，地表的陽離子會多於陰離子，比值略大於一，但是如果陽離子濃度遠遠超過陰離子，對我們的健康就會有負面的影響。現代的生活環境當中，工廠和汽車大量排放廢氣，電氣3C用品使用的過度頻繁，都會讓陽離子增加，導致居於其中的人們身體內的離子失衡、失調。

另一方面，陰離子的適當組合對於生理功能及疾病的輔助治療具積極作用，有助於增強免疫力，調節自律神經，難怪說**選房子最好挑陰離子豐富的居住環境**。

風水影響荷爾蒙

根據醫學研究顯示，人體內有大約一百多種荷爾蒙。荷爾蒙可以調節我們的情緒、生長、免疫能力，甚至是修復力，例如泌乳激素可強化免疫力，腎上腺皮質激素可以促進睡眠及食慾，而生長激素可以促進蛋白質的合成，並促進生長期的骨骼和軟骨形成……，荷爾蒙掌控著人體的各種新陳代謝，荷爾蒙的減少和不平衡是眾多疾病的致因。

以陽宅學來說，若居住在所謂的吉方（生旺氣方），一般而言身心較為安定。陰陽學說特別注重平衡，人若生活在平穩而安定的環境當中，較能分泌正面的荷爾蒙，促使健康、事業、人際關係等往較良性正向的發展，並加強其力量。

倒楣的人容易得癌症!?

根據美國約翰・霍普金斯大學的最新研究，發現大部分的癌症成因是運氣不好，在幹細胞分裂時發生基因突變，倒楣的人因而癌變——許多形式的癌症大抵和那個人的運氣差有關，和生活方式及遺傳較無關。當然，這不表示你可以猛抽菸、作息不正常或暴飲暴食，但我們應該以全新的眼光看待癌症，累積量化的資料，加以分析，找到其中的各種關聯。

從很多年前開始，我就認為癌症和風水有密切的關係，而我長期研究風水的資料也在在顯示出二者的關係密切。臺灣榮總血液腫瘤科的楊慕華醫師曾表示：「目前腎細胞癌、肺癌、白血病等都未找出明確原因，例如明明沒有家族病史，也沒有抽菸的人，卻罹患肺腺癌。」面對病因撲朔迷離的癌症，是該好好審思，將「癌症運氣說」納入考量的時候了。

大師叮嚀

不只癌症，風水和憂鬱也很有關係

我有一個朋友，對我真誠相待，常常熱心介紹客戶給我。他非常有機械天分，看過的機器很快就能重新複製出來，但工廠卻是經營慘澹。

隨著彼此的交情愈來愈好，我主動提起要去他家看風水。一到現場，就發現他家位在一條死巷的最後一間——房子千萬不要住死巷**最後一間，會走投無路！**

此時，又聽說她夫人有嚴重的憂鬱症，吃了好久的藥都沒效，我於是勸他趕快搬離，讓他先搬進一間風水還不錯的房子暫住。

後來，我又去看了他的工廠，發現工廠風水差到沒有辦法用調整的方式改善，我認為事關重大，便直言建議他蓋新廠。他很信任我，於是籌措了資金，並依照我的規劃蓋了新工廠，工廠後方還有我特別設計，能幫他事業順利的一個水池；此外，我還在廠房內選了一個吉方當他們的房間，讓他和夫人搬進工廠住。

結果如何呢？西元二〇〇八至二〇〇九年全球經濟飄盪之際，同行是一間接著一間垮掉，我這位好友的工廠卻是訂單應接不暇。令人訝異的是，他夫人的憂鬱症也不藥而癒了，這也讓我佐證憂鬱症和風水之間的關係。

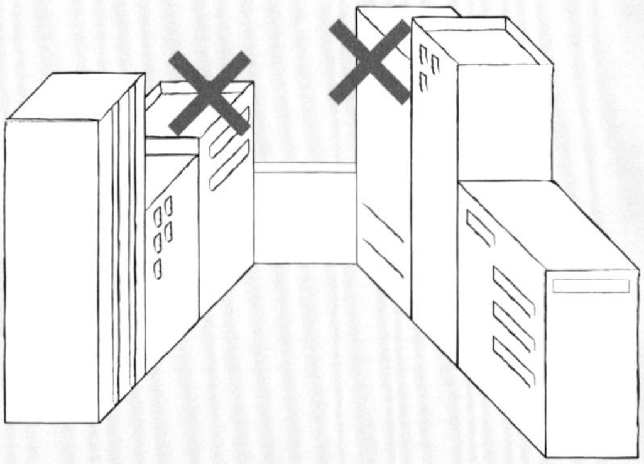

圖1-2 不要住死巷的最後一間房子。

不要委屈自己住在壞風水

因為自己中年窮困，希望能有更好的生活，是我開始潛心學習風水最初的動機。學習玄空風水的人其實不少，但能登堂入室者不多，更不用說晉升高手之林了。我分享的故事都是真實的案例，透過這些親身實證，可以讓大家了解風水的重要性。

一路探索風水學，篳路藍縷，細心實驗，在不斷見證許多奇蹟之後，現在的我可以很坦然地說，自己在風水學上的成績著實斐然。由於世上很多人、事、物都和風水有密切的關係，所以我也愈來愈想藉由自己的親身體悟，跟大家分享風水了不起的地方。

風水不吉讓人很難翻身

我是個直率敢言的人，每每看到磁場零亂的房子，幾乎都會誠實地建議屋主直接搬家，我當然明白，這樣的建議，對富裕的人來說可能不是難事，但對大部分人（尤其是經濟能力較差的人）來說，壓力一定很大，因為負擔不起而搬不了家的案例當然很多……，不過，這樣的建議真的全是肺腑之言！也許，就是因為這樣難以翻轉的現實，才讓「貧者更貧，富人更富」的M型現象愈演愈烈。

我的風水經驗全都經過非常嚴謹的實驗和統計，舉例來說，一個社區裏住的全都是庸庸碌碌之輩，如果你住在這裏，自然是很難翻身的。千萬不要輕忽房子的風水，不論你是買房子、蓋房子、進駐一間辦公室，甚至是建廠，絕對都是一筆不小的花費，所以才一定要注重風水格局，**別砸了大錢卻買了壞風水的房子來害死自己**。如果很不幸的，你已經居住在一個不佳的風水裏，我會建議你千萬不要委屈自己，記住：改變生活環境，人生就會有機會；拿出勇氣和決心放手一搏，人生就會有新機緣。

住屋三年壓力指數只升不降，能搬則搬

二〇一五年八月初襲臺的蘇迪勒颱風，在全臺灣造成嚴重的災難，電視臺不斷重播風災的慘況。全臺發生土石流的，幾乎都是較為貧窮的區域，而受災最嚴重的，往往都是經濟最弱勢的貧苦人，這樣雪上加霜的困境，讓人看了於心不忍。臺灣有很多的房子，從風水學的

角度來看都有問題，我認為，這是造成近二十年來景氣衰退、民眾生活壓力攀高、貧富差距愈來愈大等現象的重要原因之一，因為好風水和壞風水會帶來天壤之別的境遇。

不懂風水的人要如何判斷自己住的房子風水如何呢？一般人可依據以下基本原則判斷：如果你住在一間房子裏三年以上，壓力指數不斷攀高，幾乎就可以確定房子有問題，最好要搬家；如果你沒有足夠的經濟能力再買間新屋，先租間風水不錯的房子搬進去住，也是一個方法。

風水是個大工程，別求一時之快

另一方面，我也建議大家，**千萬不要相信，看一次房子就可以擁有一輩子的好風水，這是很不切實際的想法**。高明且有職業道德的大師，不論在看房子或設計房子，一定需要一而再、再而三的思考，從了解座向、規劃床位……，到擇吉日施工等等細節，都得反覆推敲，需要耗費很多時間與心力，因為所有的設計都是為了幫助人達成夢想，引導未來邁向高峰，豈能馬虎？更不用說還要因應一個人現有的狀況和能力，或許有時只能幫他暫時住進一個不差的風水，之後再一步步往上邁進，充實自己的能力，換到更完美風水的好宅……。

風水存在著空間和時間的密切關係，自然要因應時空的變動而有其相應的對策，**如果你有位信賴的風水大師，建議要長期與對方維持好的關係**，因為他不只能協助你一開始選到一個整體來說不錯的風水，也能根據流年提醒你如何趨吉避凶。

許多好風水的房子都是富人住過的，價位自然較高，若有機緣碰到這樣的房子，縱然買不起，也要試試看能不能租得到，以色列哲學家坎慕德所說的「活要活在富人堆」，就是這個道理。常常聽到有人說：「我才不屑當有錢人呢！」小心，這種想法一定會阻礙你致富，只要取之有道，擁有財富當然是件好事，讓我們的生活更有安全感，何必拒之門外？我要提醒想要成功改善目前生活的人，你一定要虛心向成功者、富人看齊，學習他們的優點——好風水自然也是其中一環。此外，人要懂得感恩，所以不要忘記問問自己，當成功富裕向你打開了大門，你願意為社會、家人、朋友付出什麼？

大師叮嚀

有財無庫？好風水其實可以逆轉

一天，我去看一個獸醫朋友的房子，發現他的房子無法聚財。告知我的發現後，他表示自己其實年薪三百萬。這一聽，實在讓我十分訝異，忍不住又說：「可是你房子的風水看起來是不會聚財的啊！」這時，他才補充說：「你說的沒錯，我的確一直沒能累積財富，無論賺多少錢，總是有一個更大的洞讓我跳，真是有財無庫！」

聽好友這樣愁眉苦臉地抱怨，我連忙用自身的經驗鼓勵他，並分析好風水如何帶來好機會，而他也聽進了我的建議，順利改變長年以來無法聚財的困境。**「有財無庫」是多數人共同的心聲，但你千萬不要因此而認命**，只要能住進好風水裏，你就有機會財庫飽滿，財源滾滾來。

住在好風水，
好機會就會來找你。

大師 吳 風水

先生
小姐

No.0026

風水格局圖	度數	地址	看屋日期
	座向		回訪

第2章 風水其實是一門科學

風水診斷

問題

建

風水是經過驗證的自然科學

中國陰陽五術中最神祕且最被保密的一門，莫過於風水學。在中國古代，只有皇室或達官貴人才有資格講究風水。至今，風水源遠流長、歷久不衰，始終擁有無遠弗屆的影響力，這是因為有太多成功案例不斷地提醒我們，相信風水的人可以招來成功、健康與財富。

風水反映人生

一般人對風水都有一些基本的想像，卻多半不知道風水其實是可以精準的反映出人生面貌。風水是一門科學，只可惜有太多人不理解風水的真義，以致聽信一些道聽塗說，像是「大門不可有屋角射入」、「門對門相對為口舌相沖……」……等等，其實，風水並不是這樣看的。

千百年來，我們的老祖宗以他們的觀察力，透過研究、推理、驗證、集思廣義而發展出許多風水名詞，以傳承所發現的重要生活經驗，並嘉惠於人們。我們沒有必要將風水視為迷信，它其實是可以用科學來解釋的——現代有科學家把風水形容成一種「電磁學」，更有物理學家認為中國人所謂的「氣場」其實就是磁場。

從電磁學看風水

要談到風水，就不能不談到「氣」、「陰陽」，以及「太極」。

早在文明昌盛的宋代，朱熹的《太極圖說》就以太極（理）、陰陽（氣）、五行、萬物，構成他的基本宇宙自然哲學體系，張載也提出以氣為核心概念的基本哲學，這兩位可說為現代風水學開了一條康莊大道。

以我的觀點來看，風水學所使用的「陰陽」和「太極」概念，就如同白天和晚上的差異。其中，太極就是磁力中心，《易・繫辭傳》曰：「易有太極，是生兩儀，兩儀生四象，四象生八卦（但就風水的角度，我認為應該是四象自成

風水小知識

關於《易・繫辭傳》

《易傳》（又稱十翼）為了解釋《易經》而誕生，包含〈彖傳〉上下篇、〈象傳〉上下篇、〈繫辭傳〉上下篇及〈序卦傳〉、〈說卦傳〉、〈雜卦傳〉、〈文言傳〉各一篇，總共十篇，〈繫辭傳〉的「繫」指將易學的易理聯繫起來，可說是《易經》的整體概論，又分上下篇，上篇是論《易經》的大理，下篇則論《易經》的小理。

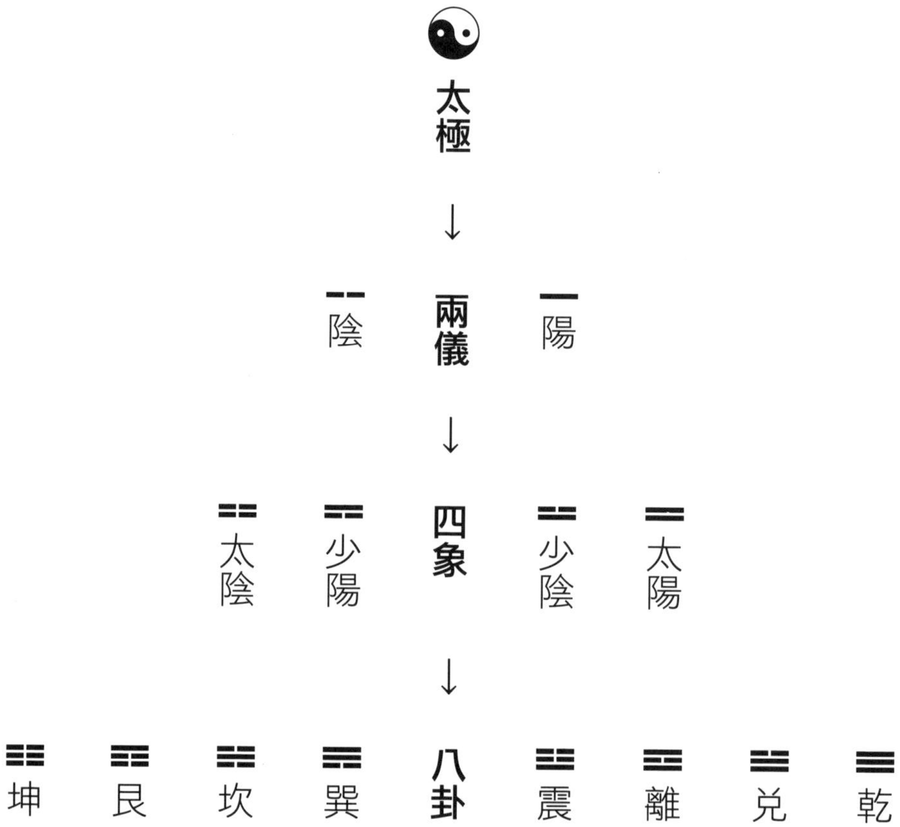

圖2-1 要談風水，一定要知道太極、陰陽和八卦的概念。

八卦）。」一太極（地球）形成，自然有兩儀（白天晚上的陰陽面）；太極一動，則形成八卦（東西南北等八個方位）。

電磁學認為，凡物理都有磁場，在不同的距離會產生不同的磁場。古人有風水以「氣」為主的說法，這個「氣」很接近物理學家所說的電磁波，日本物理學家湯川秀樹就將「氣」看成近代實驗物理的量子場，中國物理學家錢學森則認為「氣」是一種電磁波。

所以我們可以這樣比喻：**地球是一個大磁場，如同一個磁鐵有正負二個磁極，二極之間會產生許多磁力線，而不同的磁力線會將人類居住的房子獨立分開，各自有不同的磁場，並且個個自成八卦。**

風水學將八卦的方位賦予某些特定的名詞：一白坎為北方；二黑坤為西南；三碧震為東方，四綠巽為東南；五黃為中；六白乾為西北；七赤兌為西方；八白艮為東北；九紫離為南方。以一至九的數字為代表，一至九也是風水學的密碼，各有其不同的解釋和內涵。

磁極所釋放出來的磁力線擁有不同的能量，並且有強弱之分，風水學的挨星以一至九的數字來表達各種不同磁力線的強弱，並以二個或三個，甚至四個數字的組合來表述吉凶，也就是說，當地球隨著時間自轉而改變其角度時，會產生磁力線的重疊，以致生成不同的二個數字在同一位置上，並產生物理作用，對我們的生活產生影響。例如：

・二五交加：損主且重病。

・一四同宮：大利科名、讀書。

・二六八齊至：財源大進。

・二五六飛星：主遇鬼或惡夢。

・二四七九：陰神為亂，主外遇。

・九七穿途：必釀火災。

風水學是中國文化留下來的寶藏，是日常生活可以運用的自然科學，只是先人們當初沒有那麼多理論可以為所觀察、統計到的現象做解釋罷了。風水是可以通過驗證的自然科學，如今已是不容置疑。

大師叮嚀

好風水會有助於這個世界的陰陽調合

風水的風不是風，而是太陽的直射光，光的直射波為陽，照到水的反射波為陰，而陰陽調和或陰陽倒反會決定人生的吉凶禍福。陰陽之於日常生活，就如同日夜之差、男女之別、正負離子，世界則因此而得以平衡。

風水不只是一種統計學，還是成功的複製學

風水學，是最容易透過統計而加以證實的一門學問，舉例來說：如果一百間房子，最有錢的人都住在南面，而罹患癌症者又都住在東南角落的比例較高，那你是要住南面還是東南？這些都能利用統計歸納出來，並落實在生活上，讓生命活躍起來。

我要不厭其煩地跟大家說，我們可以從風水的好壞當中，發現社會很多的不平衡，例如貧富不均、身體病痛、夫妻離異等問題。

這世界只有五％房子稱得上有好風水!?

世界上九〇％的財富，是由一％的富人來掌握，感覺上很不公平，其實，這種現象正是好風水不多的明證。正確的說，只有五％的房子風水大吉，另有十五％的房子也算上吉；反過來，也有五％的房子大凶，以及十五％的房子不吉祥；其餘的房子則在其他的六〇％之

中，有高有低。如果不幸買到那五％最不好的房子，除了搬家，還是搬家，千萬不能存有僥倖的心理，才能走上平安幸福的道路上。

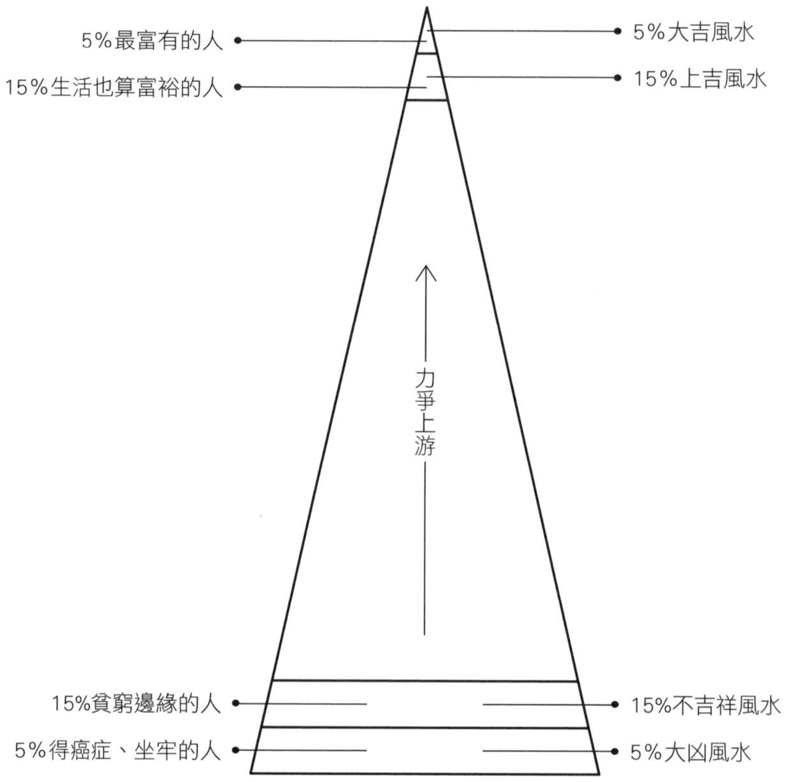

圖2-2 五%大凶風水的房子，絕對不要住。

想要買到好風水的房子其實不容易，如果沒有專家來看，九成都是錯的。自研習風水學以來，我習慣每看過一棟房宅就做一份資料，就像一份份「房宅病歷表」那樣。透過統計、分析這些資料，可以得到很多詳盡而寶貴的經驗，也促使我的風水學理論架構更加完整而有系統。

雖然風水學是非常專業而複雜的工程，絕對一言難盡，但若真要簡單說明，風水學其實可以用「**物以類聚**」的法則來判斷。比方說，一棟新穎又氣派的大樓中，住著許多企業家、老闆、醫師、明星，基本上可以推估這棟樓房的風水不錯；但如果一個社區裏住的大多是流氓、混混、竊賊，或是居民常常發生災難、官司纏身，那麼我會奉勸你盡早搬家。

風水裏的成功學

經過多年來的研究、統計，我在風水的世界裏發現了一項奇蹟——

曾經成為世界科技舞臺翹楚的ＨＴＣ（宏達電），其董事長王雪紅在二〇〇六年曾以七百億臺幣的身價成為亞洲女性的首富，當時宏達電的工廠還在桃園興華路上，座東北朝西南，從羅盤上「艮寅相兼」，正好在五三．五度的富貴線上（詳見〈想要成功富裕，就住富貴線〉），但自從營業地址搬到新店後，股價大跌，今非昔比——我之前就預言宏達電新買那座新店大樓的風水大凶！

我親眼見證興華路上座落在富貴線的公司大賺錢，股票代號六二七八的臺表科、股票代號三二一一的世界電池大廠順達科，就都在附近；代號六一五八的禾昌在華興路九號；代號一六一一的中國電器就在宏達電原本工廠的斜對面……，類似的例子真的不勝枚舉。

成功是可以複製的，只要資金、管理、財務、技術、行銷、物流、團隊等條件都符合APPALE的成功模式，你也可能是下一個APPALE模式經營成功的老闆。同樣的道理，一位傑出總裁或企業家所居住的房子，不論室內或室外的格局都有某些符合風水學的成功條件，當一位平庸或運氣普通的人住進相同條件的家宅，說不定也可以成為一位企業家——這，就是我所謂成功風水的複製技巧。

二〇一三年時，我在上海看到了心目中頂尖的風水格局，那就是黃浦江旁邊的「湯臣一品」，後來，我曾做過一個風水實驗，複製「湯臣一品」室內室外的格局，運用在我好友的住宅當中，結果相當令人雀躍，友人從每個月收入二十萬臺幣，躍升到不到三年就賺上億，能有這樣不可思議的成績，真的讓我激動萬分！

就是因為有很多這樣的案例，我才會說**風水可以是一種成功的複製學**。多年來，透過一次次的探索與研究，我得到很多寶貴的經驗，接著再把這些理論與研究成果複製運用到下一個人身上，以確保朋友們都能得到富貴、健康、平安、幸福，事實也證明，大家都能從中得到許多助益。

大師叮嚀

風水能夠反映住戶特質

某天，我帶著兒子經過一間食品公司，我憑著多年看風水的經驗，跟孩子這樣說：「那老闆不是姓陳，就是姓鍾。」寶貝兒子自然不太相信，於是去跟老闆要了一下名片，結果呢？自然是不出我所料！

我為何能如此肯定呢？此中原由就讓我來好好的說明一下吧！座西朝東的房子屬兌宅，在人體為口（西兌為口），跟口舌有關，所以賣牛肉麵（吃的）、當牙科醫師（口腔衛生）、當業務的人（需要能言善道），大都可以財源廣進，但要小心兌卦在八卦是代表是非、口舌、爭鬥；此外，住在兌宅的人也會比較喜歡唱歌、愛算命，其姓氏多半或帶口（如黃、吳、陳）或帶金（如鍾，因為兌的五行屬金）。同時，兌也代表少女，所以要注意婚外情或離婚的情況。

這些現象我都統計分析過，所以每當我像這樣跟親朋好友分享時，他們總會發出訝異的讚賞聲：「好準喔！」

用玄空風水的智慧幫你選對宅

黑鬼煞、絕命煞、棺材煞等坊間流行的嚇人風水理論，都是一些江湖術士延伸出來的。許多一招半式就想闖江湖的風水師，其實根本不懂真正的風水，就只會拿這些名詞嚇唬人，其實，真正的風水厚道多了！

好風水必須具備許多好條件，這種安定的能量可以平衡陰陽，對家庭、婚姻、親長有絕對的穩定作用，進而減少憂慮、增添財運。我們或許可以這麼說，人生有許多好事，都起源於好風好水；相反的，很多不幸的事情，常常是因為用錯了風水。

熟習《易》理，讓玄空風水更具智慧

中國風水學首推玄空風水，「玄」即是時間，「空」則為空間，結合時間與空間，並配以九宮飛星、五行理論，求出生旺衰退死方，並善用它的學問，才是真正的玄空風水。我鑽研玄空風水快三十年了，愈運用愈覺得它能帶領風水學走入智慧風水的層次。

玄空風水是一門理論性極強的學問，而且很能靈活變化，有「活易學」之稱。我也建議大家要熟讀《易經》，如此才能進入玄空風水更深一層的境界。就以我相當重視的「孝順親長」來說，孝順絕對是積德改命的重要法門，《易．文言》便提到：「積善之家，必有餘慶；積不善之家，必有餘殃。」深刻又孝親的人必定常常關心、考慮到長上（不只父母、祖父母，上司、前輩等也包括在內），這樣的關懷通常會在生活的細節裏透露出來，必要時就會產生它的力量，有時候甚至可能扭轉乾坤。多年以來，我已親眼見證許多孝順的富人都住在好風水上，俗語說「寒門多孝子」，但我倒認為應該是「孝子多富人」。

五〇年代開始發光

西元一九三九年，正值全國抗日烽火連天的時候，為了怕戰亂失傳絕學，杭州的沈祖緜將《玄空祕旨》、《紫白訣》、《玄機賦》等玄空風水的寶典，予以注解後流傳於世。正是此等寬大的胸襟與氣度，才使得今日的晚進們有研究玄空風水的依據。

從蔣大鴻到沈祖緜，我們可以看出，中國的玄空風水發源在今日的上海到杭州、紹興曹娥江一帶，而在西元一九四〇年之前，之所以沒有真正的玄空風水高人，主要是因為缺乏著述寶典，難以研究，之後又遇上文革十年時期，就更少人有這方面的鑽研了。可以肯定的是，西元一九四〇年到一九九〇年這五十年當中，大陸的風水研究幾乎是空白的，但在臺灣和香港，一九五〇年後就有第一批玄空風水學者的出現。

話說回來，我慶幸自己相當的幸運，多年來走訪上海、杭州、紹興、曼谷、溫哥華、東京、臺北、新加坡等城市的富人區，潛心研究富人風水的特徵，並將這些特徵予以實驗，也得到很多寶貴的心得，算是風水學真正的受益者了。

妙用玄空風水，不用擔心金融風暴

玄空風水源遠流長，深奧玄妙，要簡述其中的精髓並非易事，只能誠心的跟大家說，我是用實證的態度在運用這門學問。很多年前，一位住在「大享別莊」的朋友，家中飛進二黑，逢生氣——紫白飛星曾提到：「二黑生氣先旺財。」這是很重要的格局。我和這位好友深交二十餘年，彼此互動頻繁，長年追蹤觀察他因為好格局所帶來的富裕，並將這個原則複製到其他朋友身上，再追蹤觀察它運用在其他房子上是否都能產生好結果。令人驚艷的，效果都非常顯著，朋友們個個富裕順利，真讓我不得不深深讚歎玄空風水的神奇奧妙。

後來，我這位朋友又在臺北郊區建造別墅，同樣讓我全權操刀設計，這次是完全不同方向的震宅（座東向西），而我巧妙的將「二六八財源廣進」的特質加入設計當中，近幾年來，不論景氣好壞，甚至是遇上了二〇〇八年雷曼兄弟引起的金融風暴，他的公司都毫髮無傷，甚至營收更佳，逆勢成長。我常說：「好風水的公司，不必擔心金融風暴的來臨。」這其實是我親身驗證過的真實體會。

透過某些法則，深諳玄空風水的高人一眼就能看出房子的好壞，也可以從一間辦公室看出這家公司是賺錢或賠錢，甚至對公司的未來展望做出準確的預測。如果人人都能潛心研究玄空風水，必定會知道風水的重要，敬佩風水所帶來的無與倫比的奇蹟。

大師叮嚀

你有多重視風水，它就能產生多大的成效

一個劍俠一定很重視、敬重自己的寶劍，因而使寶劍產生它自己的靈氣。風水的重要工具——羅盤——也是一樣的，有其神韻，能述天意。你對風水的敬重態度是深是淺，也將會影響之後的成效，所以我會說「風水是一種信仰」，這是我的經驗和肺腑之言，和大家共勉之。

風水往往比命運來得重要。

水風㊉師大

先生
小姐

No.0026

風水格局圖

度數　地址　看屋日期

第3章 用錯人，請錯風水大師，傷害不小

座向

回診

風水診斷

問題

律

若無法分辨風水師的真假，寧願不用

坦白說，我對部分風水界的老師很有意見，他們的風水說法很多都有謬誤，卻在坊間書籍、電視媒體、網路裏大量流傳，而真正裨益於風水學的聲音反而非常微弱……，導致許多人白花錢、繞遠路，不但沒有改善，甚至使情況變得更糟。

有感於無用的花招卻成為風水的顯學，加上個人的力量有限，再怎麼努力，我能親手幫助的，一定只是少數的有緣人，所以才決定出書分享我心目中真正的風水，希望將正確的風水觀念傳播於世，讓原本小小的「有緣圈圈」不斷擴大，大到像陽光一樣，照耀在每一個人身上；期待有生之年裏，風水的真理能夠得到發揚光大，這，將是我一生不變的職志。

這世上有太多風水騙子

我曾拜過好幾位風水師父為師，其中亦不乏赫赫有名的博士名師，不過坦白說，我都很失望。就拿我生長的家鄉——桃園市來說，早年地方上也有幾位名聞一方的風水名家，學習風水到了一個程度之後，我花了不少時間去研究、觀察他們做的風水格局，卻一一發現都是胡扯！

一般的人，縱使擁有博士學歷，若不曾探討風水之學，恐怕也容易被江湖術士矇騙，因為你無法分辨術士所說的是真是假？早年臺灣就有某一宗教團體的教主是這方面的高手，教主大人旅居美國，多年才回臺灣一次，他回臺並不舉行法會，專門幫名流巨賈看風水，先藉由媒體推波助瀾，海撈數億，再揚長而去。那位教主所施的風水伎倆，其實全是以風水之名行詐騙之實，他最常以符咒、風水（偶而加上一些紅燈、簫、劍等之物品）來改運，但這些根本都不是正統的風水學，更遑論其效果了。因此，**如果你不知道如何做判斷，分辨不出風水師的好壞，那麼寧可不用。**

類似的情況，在世界各地其實都很常見，前年我在杭州西湖，便在某電視臺所播的房地產節目中，看到一位吹牛的風水師，年紀輕輕的主持人難辨風水師真假，只能配合演出。那位假風水大師口沫橫飛大談房子的裝潢之理，完全不懂分金、紫白飛星及流年神煞走向（詳見〈風水真的會轉——認識九宮飛星〉）——請注意！這點很重要，風水中有許多重要的細節，並不是看看室內的裝潢就可以的。

閩派風水師的水準良莠不齊

西元二〇〇九年時，我應福建省福州市的友人邀約，到福州市的安福陵園替他過世的父親尋找好風水，安福陵園位於半山腰，往南看去，左側是大名鼎鼎的閩江，氣勢磅礴、景觀宜人。從玄空風水學來看，安福陵園南面的小丘，具文昌之氣，頗像文昌峰。若以南面紫白之九配合東南巽方之四，兩者合為風水學之「四九為友」，實為大吉之相。雖然從這個角度來看，安福陵園的風水不錯，但從其中的眾多墳墓來看，卻可以看出福建閩派風水師水準良莠不齊，其中有很多墳墓使用的分金是「癸丁兼丑未」，這是非常荒唐的一種設定。

風水小知識

什麼是「文昌峰」？

文昌峰指的是靈秀的巒頭，就像書案的筆架，古人認為可以增添文秀、出狀元，故名文昌峰——這也是風水中「以型取氣，以氣轉型」的一個例子。

真正的風水師，專業與人品最為重要

真正的風水師必需熟諳易理八卦，人品正直而操守良好，說話謹言慎行，而且要有研究的精神。風水是門神聖又專業的工作，影響案主的未來發展，絕對不能因為個人名利就顛倒是非黑白、以假亂真，讓許多無辜的人受騙上當。

此外，風水師的經驗非常重要，一個學有專精的風水名師，應該具備以下條件：

①看一家公司或工廠時，縱使沒看到老闆或負責人，也能知道該公司賺錢與否？

②看一間辦公樓，便可知道前面的公司是賺錢搬走？還是賠錢走人的。

③看任何住宅，就可立即判斷出宅主近況，諸如財運、健康狀態、夫妻感情……等攸關人生吉凶禍福之事。

④誠實、正直、坦率、有正義感。

如果你無法辨認風水師的真假，倒不如別用，因為那很像生病找個庸醫來看病，小則無效，重則

風水小知識

玄空地理學首重度數，「癸丁兼丑未」是大凶的風水

玄空地理學非常注重方位、座向，尤其是度數，良好的羅盤上面刻有三百六十度的周天度，風水學家將每四十五度設為一個座向，每一座向又分為天盤、地盤、人盤。每盤十五度，再細分為下卦九度和替卦左右各三度，這是玄空地理最為精密的經驗。

然而，部分閩派風水師所設的「癸丁兼丑未」座向，對玄空地理而言，卻是「出卦」（見〈千萬不要住出卦的房子〉）。這是嚴重錯誤的一種安排，老一代的風水師常見這一類型的設計，不論陽宅或陰宅，「出卦」容易讓主家發生病痛纏身、意外傷亡、生意不繼、財富不聚、妻離子散、兒女不孝的情形，以我多年的經驗累積來看，絕對不可以如此安排。

害命——千萬不要拿自己的前途開玩笑！真誠的希望沒學過風水的人要謹言慎行，不可裝懂誤人，倘若招搖撞騙，報應不可小覷。

大師叮嚀

裝潢不全等於風水

裝潢是為了讓住家美觀、舒適，大多數的裝潢用擺設並無法改變風水。坊間有一些風水師會教導大家「臥房裏，鏡子不能對床」或「門口要掛山海鎮」等一些歪理，其實是沒有經過任何統計和驗證的。如果真的想放些物品，還不如放尊觀世音菩薩，用信仰安定心靈來得好，只是要注意，宗教是信仰，跟真正的風水是兩碼子事！

我要再次叮嚀大家，如果**你無法分辨風水師的真假，寧願不用。**

破除風水九大迷思

- ⚠別相信坊間那些求財避煞的商品
- ⚠豪宅風水未必就好
- ⚠別相信房子什麼都能改
- ⚠冰箱不可以對著爐灶嗎？
- ⚠屋樑不可以壓床嗎？
- ⚠廟宇文化不是風水學
- ⚠不要因為租房子就不重視風水
- ⚠壁刀煞一定要避開嗎？
- ⚠開龍邊大門的説法沒有根據

別相信坊間那些求財避煞的商品

「我應該把聚寶盆放在家裏的哪個地方最好？」

「買了一對貔貅，要放在哪裏才可以避煞？」

每每聽到有人問類似的問題，我只能暗自搖頭歎氣，「唉！怎麼會有這麼多人相信擺個『貔貅』就能制煞，放個水晶就能招財？」在眾多命理、風水神棍大師的胡言亂語之下，貔貅、聚寶盆、咬錢蟾蜍這類十足迷信物品，儼然成為風水顯學，不只誤導風水的重要性，還讓人誤信這些真的是「風水擺設」，愈買愈多，結果未必有效，這也難怪有人覺得風水迷信了——而真正的風水卻何其無辜啊！

別上當，市售的「風水商品」不能改運

如果所謂的風水商品真的這麼有效果，那麼賣這些商品的商人在他家裏放幾個貔貅或水晶，人生就可以高枕無憂，何需把如此「珍貴」的招財避煞用品賣給你呢？說穿了，不過是想賺你口袋裏的錢罷了！我往來世界各地，就常常看到很多有問題的房子，在這種不正確的風氣之下，而無法一一的將其調整至安全範圍當中。

「君子愛財，取之有道。」做生意得要有良心，才能長長久久，**所有的風水用品都是商人做生意的手腕**。很不幸的，當年我開始學風水學時，也是被引導要從這裏入門，現在回想起來，簡直浪費了好多時間！

大家仔細想想，如果這些東西真的有功效，那麼很多富豪的家裏就應該放滿了水晶、貔貅，但事實上富有的人家未必放有聚寶盆——為了佈置居家環境，把這些物品當作裝飾，當然無可厚非，但是再次提醒大家，千萬不能相信它可以改運啊！

話雖如此，這樣的陋習卻不只是臺灣僅有，在中國、香港、星馬、韓國等國家也都層出不窮，每每看到經濟條件不好的人又被騙錢，真的讓人唏噓不已。胡亂依賴風水商品，結果導致不好下場的案例不勝枚舉，我就認識一個得癌症的病人，她在遇見我的時候，已經是病入膏肓了。

這位生病的婦人的家門口，就依照一位命理師的建議，擺著一對貔貅，一個還不夠，她先生又幫她另外找一位命理師，以為兩個臭皮匠，總該能勝過一個諸葛亮，但部分江湖術士功夫平庸就算了，他們甚至沒有將心比心地為案主著想，隨隨便便就給個建議，不用負什麼責任。更令人無奈的是，我遇到這對夫妻時，為時已晚，這位婦人就這樣在「病急亂投醫」之下，不到四十歲就撒手人寰，令人感歎不已。

小心！迷信圖騰下場多半不好

類似的案例還有一個，是朋友D君介紹來的王老闆。一到王老闆氣派的別墅面前，我立刻用羅盤測量，驚訝地發現住在裏面的人可能病痛纏身、窮困潦倒！本來還有點猶豫該不該明講，但在D君的鼓勵之下，我還是坦白地把我的判斷和建議告訴王老闆了。對方聽完，並沒有特別說些什麼，倒是在回程的路上，D君一直誇我料事如神。原來，王老闆住進這棟別墅八年以來，生意每況愈下，而且還罹患有嚴重的泌尿系統疾病。

D君是王老闆的老朋友，自然很掛心他的健康問題，所以半年後王老闆的公司搬了家，D君又約我去幫對方看看。

踏進王老闆的新公司一看，我便直覺對方的狀況很難挽救了。他的辦公室佈滿了西藏密宗佛教的旗幟和一堆奇怪的圖騰，我不否認這些旗幟、圖騰有其堅定信仰的功能，但要用這些東西來消災解厄，就很難讓我認同了！

轉眼間，十年過去了，王老闆沒開口，我也無法主動要求他讓我幫他規劃風水，再怎麼著急仍幫不上忙。就這樣，他公司的狀況一直沒有好轉；相反的，D君常常採納我的建議，邀我參與公司工廠的建造，十多年來，公司業績以倍數成長。因一念之差，而導致南轅北轍的命運，怎麼不令人感慨？

大師叮嚀

八卦鏡不能亂掛，小心反而回剋

真正的風水學，其實並不主張掛八卦鏡。就目前所知而言，**八卦鏡應該是毫無幫助的商品，其靈驗性有待商榷**。總而言之，八卦鏡不能亂掛，若稍有錯失，常出現回剋，對主家不利。

在家宅大門掛八卦鏡，不只可能得罪了對面的住家，還等於公開跟大家說「此宅不吉」，簡直是此地無銀三百兩啊！

建議大家，如果看見屋宅掛有八卦鏡，最保險、最安全的做法，就是不要買，連租也不要！

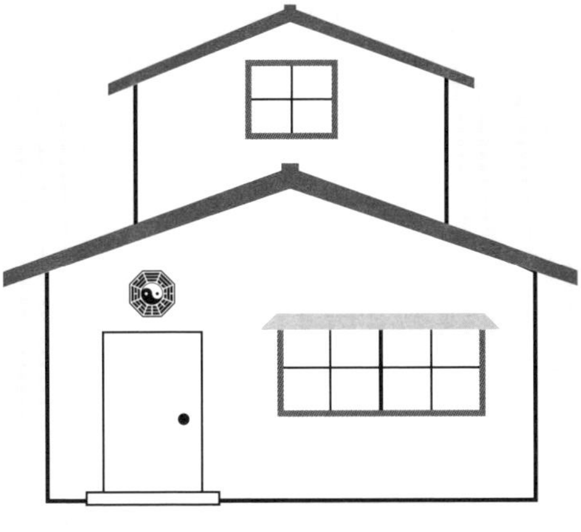

圖3-1 在大門亂掛八卦鏡，小心反而造成兩家不和睦。

豪宅風水未必就好

六年前剛和楊老闆認識時，他是一位成功的房產開發商，公司的規模不算大。在一次機緣之下，我去看了他的公司和位於市區的新家。他家裝潢得相當富麗堂皇，簡直到了裝潢過度的地步——從風水學的角度來看，**裝修雖然重要，但屋宅的卦位影響更大**，這是一棟座西南朝東北的坤宅，很不巧的還犯了「陰陽差錯」這個風水學上的大凶，完全不適合居住。

雖是豪宅，卻犯了陰陽差錯的格局

我的作風向來就是直言敢諫，所以有時候初識的朋友會認為我太直接。其實，我反倒常常憂心無法在短短的幾個小時之內把風水解釋清楚，但為了案主著想，還是得直言不諱，剩下的只能看彼此的緣分了。因此，在看過楊老闆的房子之後，我選擇直言相告，希望他能夠儘快搬走，「陰陽差錯的房子就是時陰時陽，代表一種不穩定的狀況，對你的事業非常的不利，而且容易與人相爭，甚至有打官司的可能。」

可惜的是，楊老闆當時正意氣風發，態度有點傲慢，既然講不太動，後來也就少說幾句。二〇一四年年底，楊老闆在一個新開發的工程中與股東有了嚴重的衝突——某個股東將所有的停車位通通設定抵押，導致所有房子無法出售，目前正在打官司。這種情況如果持續下去，他的公司勢必倒閉不可，這位股東正是要吃掉他的公司啊！

暗地買豪宅，卻住在大凶的小空亡卦上

另一個大凶的豪宅，是馬來西亞范老闆公司裏的總經理。范老闆的新廠蓋好以後，業績便增加了三成，但是公司的劉總經理卻突然中風倒下了。事情是這樣的，劉總看上了一棟豪宅，由於吉隆坡房市漲勢看旺，他急著想趁低買下，但范老闆仍建議他聽聽我的看法，我看過房子後叮囑劉總總理——絕對不可以買。

沒想到，我回臺灣之後，劉總仍暗地裏將房子買下，並於二〇一四年十月搬了進去，結果不到一年便中風了。《玄機賦》提到：「碧綠風魔，它處廉貞莫見。」—「風魔」在這個案例裏就是指中風，其他像是發瘋或痛風的案例，我也看過幾個。劉總的新家不但是缺卦，還在小空亡卦上，本來就是個不能住的房子。我們認識不久，談天的機會少，他不知風水的準確與重要性，也沒把我的叮囑放在心上，如果是范老闆，應該不會犯下這個錯誤。

如今，劉總的一手一腳行動不方便，說話也語焉不詳，我只能請他立即搬家，也替他找了新房子，希望他能早日搬家，看看有沒有機會痊癒。

上億豪宅，床位與大門都大凶

有一位漂亮、謙虛、客氣的千金朱小姐，新婚時，父母送給她一戶位於仁愛路上的全新豪宅，看就知道價值不菲，至少要上億新臺幣。

很不幸的是，我仔細看過這戶豪宅後發現，它的風水實在很糟糕，再次證明了豪宅的風水未必好。怎麼說呢？這戶豪宅主臥室的床位用在大凶的位置，大門的方位也不對，會讓小倆口爭吵不休，目前已經看出他老公正處於忍耐度日的跡象，這實在是典型的「買房子來害死自己」的例子。

住進豪宅，也許是許多人夢寐以求的希望，但是**買房子不只是看價格和裝潢那麼簡單而已**，如果不小心買到風水差的房子，豈不是花了一大筆錢，卻將自己往火坑裏推呢？

大師叮嚀

什麼是陰陽差錯？

我說的陰陽差錯，是指房子的度數在一九九．五～二〇五．五度，也稱為遊魂卦，主被倒債、遇車禍、投資錯誤、事業倒閉、股東不合、罹患癌症或怪病等。

別相信房子什麼都能改

我往來各城市看了幾十年的房子，發現有超過七成的房子都是有問題的，有的能改，但也有很多根本連改都沒辦法改，這和我們無法將普通的車子改成ＢＭＷ或賓士豪華車，無法將一幅普通的畫作改成梵谷或是畢卡索的名畫，其實是一樣的道理。

玄空斷事之重要經典——《飛星賦》中，有一句話道盡了風水高人的境界：

「周流八卦，顛倒九疇，察來彰往，索隱探幽，

承生承旺，得之足善，逢衰逢謝，失則堪憂。」

有一個案例是這樣的，透過某銀行的經理介紹，我與李先生相識，他原來是租房子住，現在也到了買個房子穩定下來的時候了，他想先了解現在租的這間房子風水好不好，如果OK，夫妻倆有意直接跟屋主買下來。

看過這房子之後，我立刻開門見山的問夫妻倆幾個問題：

「你們住在這裏應該經常生病吧！」

「是不是感覺存不了錢？」

「生病的人應該是太太，腹腔疾病吧！」

這對年輕夫妻驚訝得目瞪口呆，因為我提出的問題一一正中紅心，完全是他們現在所處的狀況！

原來，他們現在租的房子，五黃飛入大門，他老婆常有怪病，每年都要住院一次以上，很難醫治，讓他們倆一直很困擾。這就是《紫白訣》裏說的「二五交加，損主重病」、「二主宅母多病，黑逢黃出鰥夫」的現象。

我直接建議他們說，這個房子不能住、不能買，加上屋子的格局沒有辦法改動，唯一的辦法就是儘快搬走，以免拖延得太久，變成了更嚴重的毛病。

一般來說，若遇到非搬家不可的狀況，若不能買新屋，就看能不能用租的，總之，避開不好的風水，最為重要。

什麼是「二五交加」？

八卦中的二坤與五黃，都屬土，兩個星曜的組合就稱為「二五交加」，除此之外，「二五交加」也常常指方位和飛星的交會（見〈風水真的會轉——認識九宮飛星〉）。

「二主宅母多病，黑逢黃出鰥夫。」住宅一旦逢「二五交加」，住在裏面的人容易有生病、意外等現象產生，「黑逢黃出鰥夫」中的「鰥夫」是指夫婦必有閃失而孤寡、離婚，或孤獨終老，尤其當房子的「二五交加」處常有人走動、開門時，凶象更為明顯。

冰箱不可以對著爐灶嗎？

沒錯，爐灶在風水上是一個很重要關鍵，不過，坊間風水書籍強調「爐火不可以和冰箱相對」、「開門見灶，不吉」等原則，其實是沒有根據且道聽塗說的謠傳。

當古人發現風水確實存在的時候，並沒有冰箱，也不是以煤氣（瓦斯）為燃料，所以冰箱只是個家庭用品，哪有那麼大的影響力呢？另一方面，隨著房價攀高，房子的坪數愈來愈少，尤其是套房或一房一廳格局的房子，開門見灶的情形相當常見，但這在風水上其實是無所謂的，難不成我們要躲起來烹飪嗎？

請注意了！**我們應該重視的，其實是爐火位在家裏的那個方位**。在古代，灶神被稱為食神，專管爐火與飲食，因此，爐灶既代表食神，也代表財祿，它的位置深深影響家人的健康與財富。

那麼，爐火的方位應該如何看呢？請依以下步驟進行確認：

①首先，以家裏正中央當基準，即可分出東、西、南、北。

②接著，看看爐灶（瓦斯爐）在哪個方位。易學將東、西、南、北賦予五行，所以東方和東

南方屬木，西方和西北五行屬金，東北方和西南方屬土，北方是水，南方則為火。玄空風水用五行的相生相剋，將一個房子的八方生成五種氣——**生氣方**、**旺氣方**、**殺氣方**、**退氣方**、**死氣方**，其口訣如下：「生我為生氣，同我為旺氣，我生為退氣，剋我為死氣，我剋為殺氣。」

③最後，當一個房子的每個氣場計算出來了之後，就能夠設定爐灶要安置在房子的哪一個方位了——這才是最正確而且負責任的做法。

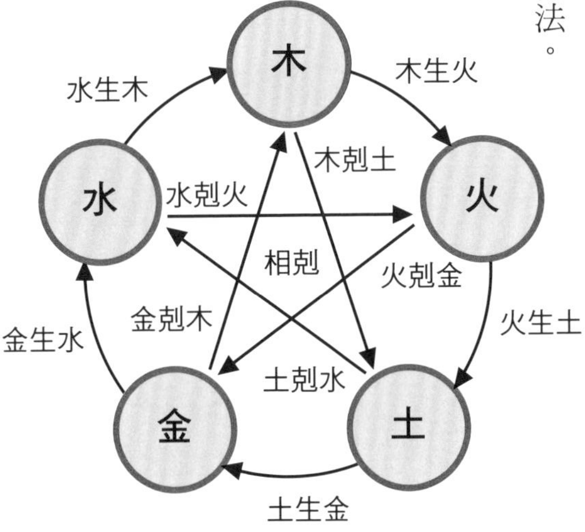

圖3-2 五行生剋圖。

風水小知識

關於「五氣」

「生我為生氣，同我為旺氣，我生為退氣，剋我為死氣，我剋為殺氣。」這是五行生剋的關係，以木為例，水生木，為生我；木與木，為同我；木生火，為我生；金剋木，為剋我；木剋土，為我剋。這五種吉凶關係，可分為五等，最吉為「生我」，次吉為「我剋」，再依序是「同我」、「我生」，最凶的是「剋我」。

大師叮嚀

九七穿途，必釀火災

《紫白訣》裏提到：「九七穿途，必釀火災。」如果是**座南朝北的房子，瓦斯爐設在西方就容易火災**，西方在五行上屬金，是七這個數字，南方屬火代表數字為九，《玄空祕旨》有一段記述：「九七穿途，必釀回祿之災。」事實上，我也真的看過這樣的案例。再次強調，我們需要注意的是爐火設置的方位，而非冰箱是不是對著爐火這些枝微末節。

屋樑不可以壓床嗎？

曾看過不少「風水大師」說，橫樑因為承受建築的重量，本身就有一股壓力，若久居其下，會被壓得筋骨痠痛，甚至造成精神疾病；此外，還有所謂「橫樑煞」之說，表示長久待在橫樑下方會有開刀、血光之災。

我的客戶江小姐在搬了新家後，也曾經問過我這個問題，她在電話那頭憂心忡忡的問說：

「我床頭上的天花板正好有橫樑，該怎麼辦？」

「請您幫我看看，床的上方有兩盞燈，會不會有什麼不妥？」

然而，江小姐搬到新家後，運氣變得很不錯，前一個月她又買了一間中古屋，價錢頗為低廉，如果賣掉，利潤應該不少。其

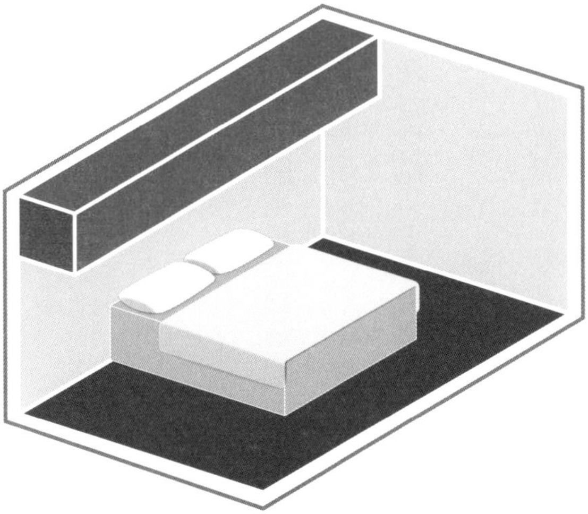

圖3-3 只要橫樑經過裝潢，微微壓在床頭是沒有關係的。

實，這已經證明新家的風水很好，否則難有這樣的機會。她新家的風水有七十五分左右，我還幫她選了不錯的床位，整體來說，雖然不是一流的風水，但也有中上的水準！

社會上總流傳著很多似是而非、難以辨別真假的風水觀念與法則，再加上人們又容易道聽塗說，拿來亂用，這其實是害人害己的現象，令人非常憂心。

正確的風水，是一門利人利己，而且是中國五術中最可能被科學驗證的學問，實在應該大力推廣並發揚光大。經我研究佐證，房間的橫樑若經過裝潢，那就不會有壓樑的問題，所以**微微在床頭是無所謂的**。此外，頭上有兩盞燈或三盞燈也無妨！千百年前發明風水學的時候，富蘭克林都還沒出生，還沒發明電呢！所以頭上有燈之說，並不是風水學的範疇。此外，特別提醒大家，如果沒有裝潢，大樑在房子上方過低或過窄，都容易造成壓力。

大師叮嚀

遠離高壓電，否則容易錯亂人體的電場

比起壓不壓樑的問題，倒是**住宅遠離高壓電**才是更加要緊的關鍵，不穩定的電波會擾亂人體的電場，對健康造成傷害而產生病變，這一點一定要特別的注意。

廟宇文化不是風水學

子曰：「務民之義，敬鬼神而遠之，可謂智矣。」對於天地間的神鬼，我們恭敬的正視其存在，而「敬天地，拜鬼神」，正是人類謙卑氣度的表現。

我偶而也會去拜見「虎爺」，請求道士幫忙驅邪化煞，「龍虎山中真宰相」、「麒麟閣上活神仙」——這些道理我都相信，縱然如此，我還是要鄭重地提醒大家，絕大部分的道士其實並不懂風水，信仰和廟宇文化，絕對不可以和風水混為一談哦！

臺灣鄉鎮裏的一些民宅，常可看見有人在家裏的大門上方掛著諸如八卦鏡或山海鎮之類的風水辟邪物品，若真要說來，這些東西應該是來自道教文化，但這些**辟邪物品並不是風水學**，可惜社會大眾都以為這就是風水學。

風水學的基礎是《易經》

山海鎮與八卦鏡和風水學無關，真正風水學的基礎是來

風水小知識

虎爺

虎爺是中國與臺灣民間信仰中，一種以虎為形象的神祇，俗稱虎相公、虎將軍。虎爺幾乎是民間動物信仰中占有最高的地位，通常是土地公的坐騎，民間普遍相信虎爺會咬錢（是財神），會保護兒童免於驚嚇，也有驅魔降魔的能力。

自《易經》，其靈魂是紫白飛星，內涵則不離《玄機賦》，必須要稍有國學基礎才能讀懂，因為其中有一些深澀的專業術語。

我的風水理論，不只有研讀這些古籍，還加上現代的研究方法與科學性的統計，每看過一棟房子就認真的記錄資料、做筆記，每設計好一間房子必定長期追蹤，認真觀察它一年、兩年後的狀況如何，再把研究證實所得到的良性結果用在下一個朋友身上，最後再做追蹤，看看是否同樣有效……，我就是這樣，一步一步地累積實證，所以才敢大聲告訴大家——風水學是個很有價值的實用學問。

在臺灣、香港，由於民間信仰、算命的盛行，常常有人將信仰、命理風水混為一談甚至畫上等號，但這些學問其實各有其專業之處，所以大家最好還是對「症」找專業，別誤以為道士、出家師父、算命師多半也稍微了解風水，小心找個半仙反而危險。

大師叮嚀

看風水去找廟祝，這樣對嗎？

很多民眾找不到風水師，就找算命先生，他們會以為算命先生也懂風水，臺灣或香港有很多的廟宇，很多的民眾也會找廟宇裏的廟祝來幫忙，許多研究神學的人根本也沒有多餘的精力再來研究風水，但不少人會以為找個半仙大概不會錯，這就給了品行不佳的人有機會斂財了。風水是非常專業的一門學問，千萬不要隨便找一個算命師、廟祝、道士來看看而自我安慰了事。

不要因為租房子就不重視風水

風水有問題的房子，我是一天也不敢住！奉勸大家最好**不要對風水存著僥倖的心理**，就像有些人會以為房子是租來的，就不愛惜房子、不注重風水，其實這是非常錯誤的觀念。

認識章總經理夫婦已經四年了，最近他們倆氣色愈來愈好，整個人也感覺更年輕了！這種感覺真是奇妙，原來住在好風水也能夠改變外在的氣質，這算是我在風水學裏的另外一大收穫。

看著現在的他們，實在很難聯想到四年前我們初認識時，他們事業跌到了谷底，身上背負著龐大債務，壓力沉重。章總經理是一位非常有藝術品味的人士，家中的裝潢高尚典雅，從外觀上誰也看不出他們已經山窮水盡——住在舊家五年多以來，經濟財務就每況愈下。在看過他的住家和公司後，我勸他們另覓一間能聚財又平安的吉宅。

章總經理夫婦很想要改善現況，所以在另尋吉宅的路上比其他很多人都要來得認真、積極，提出建議的我，自然是一路相挺相伴。

搬到新租的房子後，情況好轉得非常明顯，不過三年的時間，他們倆每次見到我，就叫我一聲救命恩人，這……實在是不敢當啊！雖然夫妻倆還是很保留的談論財務狀況，但公司業績明顯的倍增，夫妻之間的感情也更加親密，更重要的是，他們的臉上都透露著過去未見的神采奕奕。哈哈！發財說不說不打緊，從臉上還是瞧得出端倪的！

大師叮嚀

愛惜房屋，要像愛自己的身體那樣

很多租屋族都有類似的心態，反正又不是我自己買的房子，整理得那麼好幹嘛呢？事實上，無論房子是租的還是買的，你幾乎都會天天住，這樣你還能放任環境不管，把家裏弄得陰暗髒亂嗎？

對待房子就要像對待自己的身體一樣，不論是租的或是買的，不僅都要注重風水，住進去後，也都要用心整理與清潔打掃。

壁刀煞一定要避開嗎？

有個企業主想要在自己的土地上蓋一間別墅，我與他的建築團隊碰了面，並在其中認識了他的設計師。

初識時，這位美女設計師對於我的形象感到十分驚訝，在她的認知中，風水師都是身著唐裝，看起來老氣橫秋的。我呢，正好就不喜歡扮大師！對於自己的實力與名聲，我很有自信，硬要裝扮出一個樣子，反而顯得做作了。

在那次會議上，我與他們團隊共同討論關於格局的相關議題，輪到這位美女設計師發言時，她說：「在廚房裏，我特意將火爐和冰箱錯開，不讓兩者相對。」此外，在房間的設計上，她也特意避開了「壁刀」。

整本書看到現在，若讀者對真正的風水概念已有基礎的認知，應該會和我一樣，不禁莞爾一笑。其實，我早期在接觸風水學時，也是這樣的，想學的都是這些無關緊要的問題，除了前面提到「開門見灶」、「橫樑不能壓床」、「冰箱和爐火不要相對」，其他還有：

①房子碰到壁刀煞怎麼辦？

②房門可以對著房門嗎？

③神桌的背後不能設廁所嗎？

④兩戶人家真的不能門門相對嗎？

⑤住宅大門能不能正對電梯？

這些問題，其實在真正的風水學裏都是無關緊要的問題，卻被兩岸三地很多人誤用，變成風水的教材，說來荒唐可笑。我在幫人家看房子時，很少管這些事，倒是很注重**房子的格局**及它的**卦象卦辭**，**房子的度數**尤其重要，必須符合旺山旺向才能夠入住，否則我多半會希望屋主另尋吉宅。

壁刀煞是偽訣，不可盡信

坊間許多書籍和自稱大師者常指出，「自宅周圍另有其他建築物的牆壁與牆壁形成一角，直沖自己宅而來，猶如刀子直直切了過來」，會有壁刀煞的疑慮，這樣的情況，不只會發生在屋宅的外在，室內也可能會有，容易有血光之災、破財、官司、犯人。

其實，壁刀煞沒有那麼大的影響力，房子的好壞，分金線（度數）反倒占了很重要的一部分，壁刀煞很難動搖位在富貴線的房子的正向氣場！

在研讀風水學古籍的過程裡，我發現當中其實暗藏有許多「偽訣」，只有實實在在的觀察、試驗、追蹤後，才能夠判斷哪些真的有用、哪些不可盡信，而**壁刀煞就是「偽訣」的一種**。

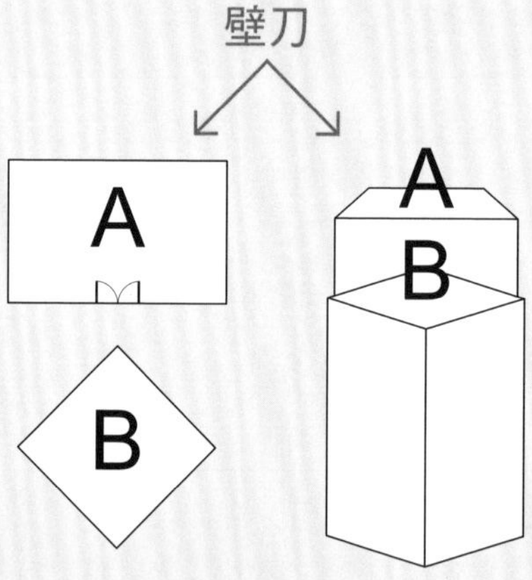

圖3-4 比起房子的度數，壁刀煞其實沒有那麼大的影響力。

開龍邊大門的說法沒有根據

「門要開中門或是龍邊，不能開虎邊，否則不吉。」應該有不少人聽過類似的說法吧？現在，我想要打破各位「龍邊為吉」的迷思。

「左青龍，右白虎」是許多人耳熟能詳的風水術語，指的是：人站在屋內面向外面，這個人的左方即為為龍邊，右方為虎邊。許多「大師」常用「左龍象徵陽男，右虎象徵陰女」來論斷吉凶禍福，但是真要探究這種說法是否有任何根據，恐怕只能說是人們從古語中的「左青龍，右白虎，前朱雀，後玄武」斷章取義而來。這樣的一知半解，有時候往往比一無所知更加危險，為什麼呢？

這樣說吧！我就曾看過座東朝西的房屋開了左邊的龍門，結果屋子裏的女主人突然過世的案例。其背後的原因是什麼呢？

這其實是因為座東朝西的房子，如果又開龍門，很容易就形成「二五交加」，二黑逢五黃容易出鰥寡之夫，損主且重病。

我常常對身邊的好友耳提面命，「二五到門」不只是影響健康，更會影響財運。大家不妨這樣想，一個家庭裏有成員疾病纏身，哪有心情好好工作、努力賺錢呢？因此，如果真的

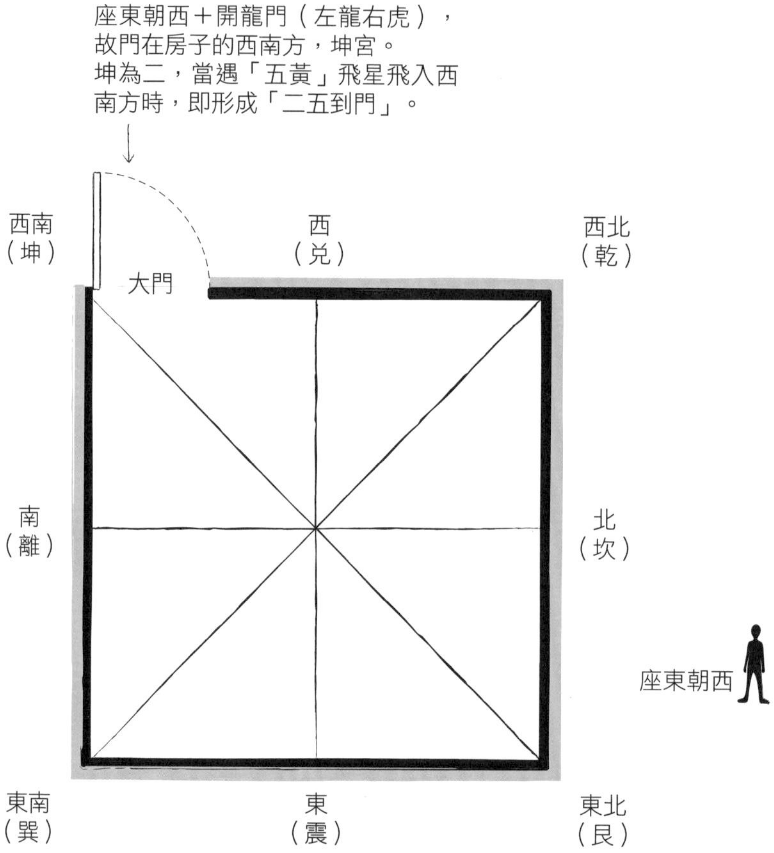
座東朝西＋開龍門（左龍右虎），
故門在房子的西南方，坤宮。
坤為二，當遇「五黃」飛星飛入西
南方時，即形成「二五到門」。
西南（坤）
大門
西（兌）
西北（乾）
南（離）
北（坎）
座東朝西
東南（巽）
東（震）
東北（艮）

圖3-5 座東朝西開龍門，要小心二五到門。

要開龍邊大門，最好還要請高人指導，看看是否會變成「二五到門」的房子，如果是，奉勸你最好避開！至於開龍邊大門一定大吉嗎？截至目前，我還沒有驗證出任何開龍邊大門對屋主有利的證據。

羅經差一線，富貴就不見！

大師 吳 風水

先生
小姐

No.00268

風水格局圖

第4章 買房、租屋前必備的風水基本常識及眉角

度數

地址

看屋日期

座向

回診

風水診斷

問題

建

風水真的會轉——認識九宮飛星

九宮飛星一般又稱玄空飛星或是紫白飛星，天上有九顆星曜，每年依序當值飛臨住宅的九宮方位，對每年的房宅風水產生不同的影響，並牽動禍福吉凶。

我們可以這麼說，選一間吉宅只是個好開始，每年還需依據不同星曜飛臨入宮，調整房子的布局（例如床位變動）或做一些習慣的調整（例如有時可能某年大門不宜出入），方能進一步趨吉避凶。

九宮飛星的推演

九宮乃是將天宮以井字畫成橫三、縱三格的九個等份，分為乾宮、坎宮、艮宮、震宮、巽宮、離宮、坤宮、兌宮、中宮。漢代徐嶽《術數記遺》曰：「九宮算，五行參數，猶如循環。」北周甄鸞注曰：「九宮者，即二四為肩，六八為足，左三右七，戴九履一，五居中央。」我們准此，即可得到《九宮算圖》。

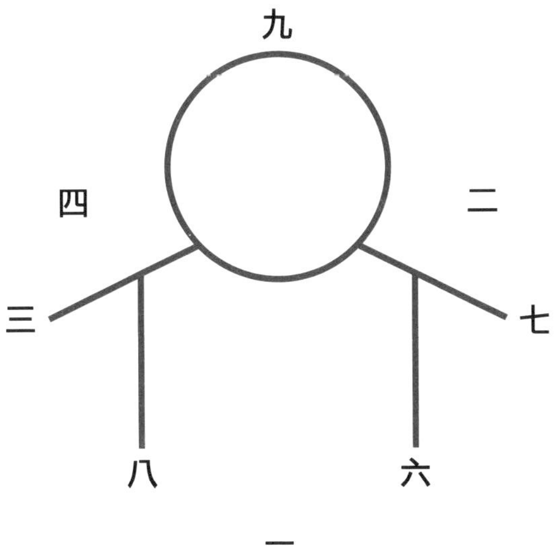

四	九 （南離）	二
三 （東震）	五	七 （西兌）
八	一 （北坎）	六

圖4-1 九宮圖在風水學中是很常運用到的工具。

至於飛星，則是以五黃土星居於中宮的固定格式來推算每年飛星的位置，若要推算下一年的飛星，將九星各減去一個數字，就能得出翌年的星名，以下，我們列出二〇一六年九宮飛星，來推演每年飛星的位置。

九星代表的人事物

一白水星	六白金星	八白土星
九紫火星	二黑土星	四綠木星
五黃土星	七赤金星	三碧木星

圖4-2 二〇一六年的運盤九宮飛星。

九宮星是《洛書》中的九個星曜與九個數相配，九星的運動關係著地球上一切吉凶禍福。九星對應著八卦，分別象徵著不同的人事物：

- **一白（坎宮）**：代表的人事物是中男、盜賊、匪、飄泊、隨波逐流。

風水小知識

玄空風水的飛星排盤

玄空風水的飛星排盤，其實是由三個星盤所組成的——運盤、山盤、向盤。一般來說，確定房宅座向後，在九宮飛星的每個宮位中，你會看到三組數字，下方的國字數字為運盤飛星，左上方的阿拉伯數字為山盤飛星，而右上方的數字為向盤飛星。玄空風水師依照飛星排盤來判斷房宅的吉凶。

- 二黑（坤宮）：代表的人事物是母親、老婦人、吝嗇。
- 三碧（震宮）：代表人事物是長男、少靜多動。
- 四綠（巽宮）：代表人事物是長女、寡婦、柔弱不定。
- 五黃（中宮）：代表的人事物是婦女、平和穩重。
- 六白（乾宮）：代表人事物是長者、剛強、有地位。
- 七赤（兌宮）：代表人事物是少女、歌星、妾。
- 八白（艮宮）：代表人事物是少男、小兒、土地多。
- 九紫（離宮）：代表的人事物是中女、聰明、有才華。

大師叮嚀

後天八卦卦象時空代表的意象

因九宮飛星對應著八卦，以下即後天八卦配合數字、五行、方位等，整理出詳細表格供大眾參考。

◎後天八卦卦象時空代表的意象

	乾	坎	艮	震	巽	離	坤	兌
數字	六	一	八	三	四	九	二	七
象	天	水	山	雷	風	火	地	澤

	五行	方位	四時	家人	廿十四山	人體	喜好顏色	忌諱顏色	備註
乾	金（陽）	西北	秋冬之交	父	戌乾亥	頭	咖啡 土黃	紅色	高地 京城 名人 老闆 高樓 董事長
坎	水	北	冬	中男	壬子癸	耳	銀色 白色 黑色	黃色	江湖 中人 盜匪 舟人 腎 膀胱
艮	土（陽）	東北	冬春之交	少男	丑艮寅	手	紅色	綠色	丘陵 墳墓 小兒 建築商人 土地多
震	木（陽）	東	春	長男	甲卯乙	足	黑色 綠色	白色	春木 草木 山林春占 吉 秋不利 肝膽
巽	木（陰）	東南	春夏之交	長女	辰巽巳	股	黑色 綠色	白色	寡婦 山林 仙道 僧侶 桃花
離	火	南	夏	中女	丙午丁	目	綠色 紅色	黑色	南方燥熱 之地 聰明有文 化 上焦 目疾 火災
坤	土（陰）	西南	夏秋之交	母	未坤申	腹	紅色 咖啡色	綠色	老母 吝嗇 愛計較 保守 腸胃
兌	金（陰）	西	秋	少女	庚酉辛	口	土黃 咖啡色 白色	紅色	喉疾 肺萎 妾 伶人 歌星 口舌 戶有損 巫師

選好宅，謹記這五招

⚠ 住在負離子較多的好環境，有助於改善人生
⚠ 想要成功富裕，就住富貴線
⚠ 讓錢自動來找你的好風水
⚠ 這樣選宅，求子得子，瓜瓞綿綿
⚠ 高升四星上將，不同凡響好風水

負離子較多的好環境有助於改善人生

好風水的另外一個解釋，就是「好環境」，那麼什麼是好環境呢？讓我們來道選擇題吧！第一個居住環境山明水秀，群山疊翠，住宅旁有一池明湖，湖面偶有水鳥掠過，陽光和煦的照耀在湖面上，波光粼粼。住宅周圍的綠樹欣欣向榮，花草如茵，午後散步於其中，還有涼風吹來，請問，你會不會有偷得浮生半日閒的喜悅？

第二個居住環境則距離高壓電廠和ＫＴＶ不遠，無論白天還是晚上，不管動人歌聲繚繞抑或魔音穿腦，那高分貝的樂音都讓人難以長期忍受；出門還會被高壓電廠放射出來電磁波擾亂身體的磁場，讓人憂心忡忡，思緒混沌不明，終日精神不繼，也常常睡不好……。

問題來了，如果是你，你比較希望住在哪一種環境裏呢？

記得幾年前幫忙泰國友人建新廠房的時候，意外發現一處風水絕佳的新社區，我於是建議他多增購一棟別墅。買下這棟別墅之後，友人三不五時就會到別墅住上一陣子，房子的後方有一池大湖，水圓如鏡，岸邊的建築和綠樹倒映在湖面上，十分明媚動人。在四季皆暑的泰國，站在這池明湖前面，令人頓時感到暑氣全消，加上周遭的好風景，讓人恍若置身人間仙境……。

好友表示，每次住在這裏時，就有許多靈感泉湧，而且比起以往，他感覺到隱隱有更多的機緣幫助他的事業蒸蒸日上。這是一定的，從科學的角度來看，**住在負離子較多的環境裏，可以使人神智清晰，做出良好的判斷**。簡單來說，負離子就是帶負電荷的離子，具有殺菌、淨化空氣的效果，通常自然環境會產生較多的負離子，而電腦、電視、電子產品都會產生正離子，隨著科技進步，我們因而被愈來愈多的正離子包圍。日本學者將正離子稱為「疲倦離子」，而將負離子稱為「舒適離子」，在我們生活空間裏，有好的風水磁場（負離子）是相當重要的，千萬不要忽視。

大師叮嚀

能力若許可，鼓勵你擁有兩棟座向不同的好風水吉宅

我常鼓勵朋友，如果能力許可，可以買兩棟以上的好風水住家，會比較方便避禍防災，這是因為**「風水年年輪流轉」**。比方說，你可能在某年，遇到五黃煞或其他重煞飛入A房宅的大門或床位，此時改住B房宅，可以趨吉避凶，保富貴平安、長壽延年。

想要成功富裕，就住富貴線

我常常說：「羅經差一線，富貴就不見。」所謂的富貴線，是以羅盤的度數來測量的，例如當羅盤的度數呈現一八八度時，就是所謂「富貴線」，但**富貴線的度數不只一個**。

臺北市大安區裏就有著全臺灣最漂亮的富貴線，從南京東路、忠孝東路、仁愛路、信義路、建國南北路、敦化南路、復興南北路等，都是在標準的富貴線上，上世紀中葉這裏是一片稻田，早年政府在規劃道路的時候，恐怕也沒有想到他們無意中將這裏劃成臺灣最富庶的區域了！

住在富貴線上，注定一生富貴

大安森林公園北面的信義路有兩個重要的個案：一是「勤美璞真」，每坪要價新臺幣兩百萬以上還一戶難求，富人住進好風水已是明顯的實例；另一個是「經濟部工業局」，臺灣工業興盛，而主管機關正是有個好風水，這又是一個很好的明證。

除此之外，臺北市的松江路也座落在富貴線上，那一條路上的長榮桂冠、和泰汽車（TOYOTA）等等，都是獲利相當豐厚的企業。

為了找尋富貴線，我走遍臺灣各地，發現桃園、中壢、平鎮、花蓮、新竹、竹北、臺南、高雄，都缺乏這樣座落在富貴線的區域。我常常想，要是政府官員能夠重視風水，而且風水師們都像我一樣誠實，那一定是人民的福祉。當然，這些市鎮其實都還是有一些好房子、好風水，只是零零星星的，不似臺北大安區這樣，是這麼大的一個區域。

桃園高鐵附近的高鐵特區是近來我很認可的新地區，所以常會建議朋友們選購這裏的房子，整體而言，這裏有很多在富貴線上的好房子，例如順儷建設所建造的房子。順儷建設的董事長許朝陽先生，多年來每一個建案都要求我佈局做好設計，秉持著讓每位客戶大富大貴的心理，我幾乎都會要求房子要建在富貴線上，以符合許董事長「每個買主都能富貴綿延住個好風水」的期許。

富貴宅的門向不同，住戶的成就也不同

另一個座落在富貴線上的例子，就是仁愛路的「帝寶」，住在這裏的人，大多真能非富即貴。只能說，有些人真的很好命，雖未必有高人指點，就會自己走進好運宅。

整體來說，臺北帝寶是座北朝南的座向，但是這六棟的豪宅（東南方一棟，西南方一棟在仁愛路上，西有一棟有被巷道路沖，西北方、東北方也各有一棟）其實也吉中藏凶，並非

戶戶都好。整體來說，帝寶的大環境是很棒的，但是每一戶房屋的門向不同，會帶來「人人成就不同」的結果。

其實，很多富人、名人的身邊不一定有高人指點，甚至他們本身就不懂得禮賢下士，這樣的背景因素，讓住帝寶的富豪們肇事率非常高，這或許就是「帝寶人」屢屢上報紙頭條的背後原因吧！**風水再好的地方，仍有較差的風水在，實在不能不小心！**

住也富貴線，開工廠也要富貴線

除了住宅要在富貴線上，工廠在富貴線上也能保證獲利。

臺灣有一家在西元一九七五年上市的公司——股票代號二三〇八的台達電子公司，三十多年來，年年獲利都達半個股本以上，它在中國吳江稱為「中達電」，在泰國則稱為「泰達電」。泰達電在泰國的保稅工業區內，它的每一家工廠我幾乎都看過，不論新、舊廠，全部都在富貴線上，只能說泰達電的運氣真好，難怪會被《富比世》雜誌評比為亞洲頂尖五十強企業。

長年以來，我一直都很老實的跟好友強調富貴線的重要性，人生在世，對朋友要講義氣，做人要講信用，期待每一位朋友都能擁有好風水，進而邁向成功富貴的康莊大道。

大師叮嚀

臺北的房子最多座落在富貴線

全臺就數臺北最富裕，是因為臺北的房子建設在富貴線上的最多，這是我多年觀察、研究的結果——東區、松江路、天母一帶的房子大多都建在富貴線上。相較之下，中、南部建在富貴線的房子就少多了。

為什麼臺灣那麼大，新加坡那麼小，卻比我們富庶呢？因為新加坡很多房子都座落在富貴線上。此外，溫哥華西區的三十七街、四十五街亦是富人聚集之地，那裏的富貴線也很多。這些例子都說明了，想要成功富裕，最好要能住在富貴線上。

讓錢自動來找你的好風水

和我熟稔一點的朋友，常常會聽我一再的耳提面命：「住在好風水，好機會就會來找你。」說得更白一點，其實就是——**住在好風水，錢會自動來找你**。乍聽起來可能有點俗氣，但這是千真萬確的，同時也是我長久以來親身經驗的法則。

我們都知道，這世界最好的事物大多是頂尖的人在享用，也只有最棒的人，才可以擁有一般人不敢奢求的事物，例如貴得驚人的豪宅、超跑級名車、鑽石珠寶等等，甚至是名門閨秀——說真的，一流的美女難道不是只有頂尖的人才比較有膽量去追求嗎？其他的人，大多只敢遠觀或欣賞。

勇敢追求更美好的事物

我常常鼓勵一些中小企業主，如果想要邁向顛峰、更上一層樓，一定要培養膽氣。做人不要妄自菲薄，大膽去買一間更好、更大的房子，開一部更棒、更高級的車子——不論是什麼樣的願望、事物，只要你有膽量要，上天就敢給你，千萬別看不起自己。

一個人若想要踏進一流的殿堂，得先拋開保守的慣性思考，學習頂尖人士經常在做的思考、經常在做的事——許多位居社會頂端的人士，不只想法和一般人不同，他們通常也都住在不凡的風水裏。

幾年前，我到上海浦東看見花木路附近的御翠園時，以為自己已經見識到一流的風水，豈知幾年後看到的「湯臣一品」，還更勝它十分。一流的吉宅裏果真都住著頂尖的富人或非常成功的企業家，而財富往往還因為他們住在好風水而愈是往他們的口袋流去——「湯臣一品」的上百住戶裏，恐怕掌握著難以數計的財富與金錢。

透過風水，我發現這個世界已經一步步走向「富者更富，貧者更貧」的困境，但我們仍不可以就這樣坐以待斃，在感歎富豪為何命那麼好、那麼有錢之餘，是不是該好好思考，他們往往都住在一流的好風水裏頭，而我們是否也該追求一流的好宅呢？

大師叮嚀

一流風水首重度數及來龍當運

雖然一流的風水並沒有標準的定義，但是有以下四點可以作為你的重要參考準則：第一，**房子的度數必須落在富貴線上**；第二，**外觀格局要方正**；第三，**明堂要秀麗**；第四，**來龍當運**（來龍當運是指房子吸到了八運的氣，這樣的房子曾更旺）。

這樣選宅，求子得子，瓜瓞綿綿

《詩經》有云：「綿綿瓜瓞。民之初生，自土沮漆。」古語也說：「不孝有三，無後為大。」雖然在少子化的現代，很多人已不像從前那樣，希望能夠兒孫滿堂，但仍有許多人一子難求。此時，如果風水能夠弘揚古代優良的傳統，祝頌子孫昌盛、瓜瓞綿綿，那可真是一件美事。

關於這點，風水的確能夠做到！這裏有一個真實故事，要從年近半百才又擁有第二春的成哥說起。成哥一直有膝下無子的遺憾，他前妻所生的兩位千金不常來探望他，偌大的家總是冷冷清清。越南老婆年紀尚輕，卻無法受孕，但他也只能以愛妻身體較虛、水土不服為由來安慰自己。成哥的二姊相當關心這件事，在一次宴客上跟我提到，希望近期可以抽空幫成哥看看房宅。

成哥的家，花園很大，占地約三・五畝，是座東向西的震宅，主體建築的後方是他的車庫。我看完風水之後，給了他幾個建議：

①把原本左前方的主臥室，改到右前方。

②車庫修補成四方形，並在左後偏東邊的地方開一小門。

③將宅外的窪地填滿，並將高低不平處修齊。

奇妙的事發生了！三個月之後，她的小嬌妻懷了個男孩！

當我再度受邀到成家作客的時候，成哥一看見我，便一直對我道謝，也頻頻介紹新朋友給我認識，一夥人都十分好奇，對成哥能有這樣的轉變感到不可思議，紛紛向我問道：「大師，這是什麼原因呢？」

根據成哥的紫微斗數命盤，子女宮為武曲星，本來就屬得子極遲的命。再加上成哥原本睡在房宅的左前方，是二五交加之處，必損主且重病，不利於懷孕，夫妻身體皆虛，精卵難以著床，所以遲遲未能得子。此外，他們住家的宅外坎方（北方）低陷，風水歌訣有云：

「坎宮高塞而耳聾，坎宮低陷而墮胎。」

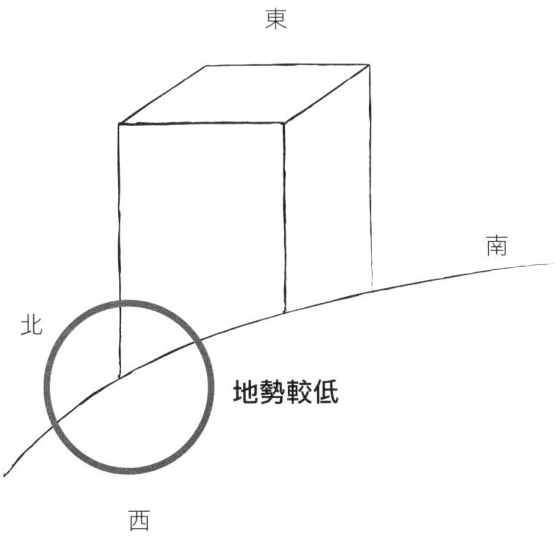

圖4-3 房宅的北邊低矮，會比較不易受孕。

大家可能會很訝異，這樣調了風水之後，求子便變得如此順利，這實在是太不可思議了！精通風水學，再佐以紫微斗數，其實求子並不難喔！

大師叮嚀

房宅北邊忌低矮，長子卦位勿缺卦，床位盡量在生旺氣方

北方為坎，坎冷精寒，不利於孕，而從形貌來看，低窪則空——所以說，房宅的北邊如果低矮，一般來說，不容易受孕，這是很重要的觀念。

此外，主臥（床位）避免位於二五交加，因為會影響健康，改到生旺氣方為佳（在成哥案例中，位於房宅的右前方）。

想要得子生男，注意**長子卦位**（**房宅東邊**）不要缺卦（本案中，房後車庫是長子卦位，形狀不方正，有缺卦，將之補滿後，長子就到）。

高升四星上將，不同凡響好風水

我真誠的希望看到每個朋友過得好，才會那麼熱忱的推薦玄空風水。在剛學會風水學之後，有一段很長的時間，都不敢幫人家看房宅，因為那段日子裏非常專注在印證風水格局，要確認這個風水學問百分之百是真的、是有效的，才敢幫人家看……。

十幾年前，為了幫某電子的董事長許先生買下一塊地興建住家，來到中壢的大享別莊，無意間看到一棟風水格局非常漂亮的房子，這棟房子的主人，當時位高權重，可能已經位居中將了！

那個時候認識的高階人士十分稀少，也就特別的感到興趣。我當時千思萬忖——為什麼這樣的好風水，可以孕育出這麼高階的軍人呢？那麼這樣的好風水，還可以讓他再升官嗎？……這些，都是我充滿好奇的研究方向，但我不認識這位將軍，也從來不曾見過面，只不過是對這個風水非常好奇而已。

西元二〇〇七年霍守業上將昇任參謀總長，這真是非常的不可思議！住在一個一流風水的住家，經過了二十年，竟然可以由一個校級軍官一路升到四星上將，而在這之前，我就跟身邊好友小邱提前預測了，結果百分之百的準確，這也讓我對風水的功效更加深信不移。

十多年前的某個春天，得到將軍夫人的同意，讓我進入官邸參觀，那是一棟簡樸又素雅的房子，讓我對高級軍官的廉潔十分感動！我看見擺在客廳一角的老舊電視機，不禁對他軍眷的刻苦情操肅然起敬。站在房子的二樓，從窗戶看出去，只見一群鷺鷥在湖上翩翩飛翔，湖泊水圓如鏡，是那麼寧靜祥和，真是座北朝南又旺山旺向的房子。

《紫白訣》：「午山午向午來堂，大將值邊疆。」

《玄空祕旨》：「火曜連珠相值，青雲路上逍遙。」

這兩段條文都非常符合霍將軍的經歷，好風好水讓他清廉上進、思想正確、忠勇愛國，也讓他官運亨通，所以我會把**好風水會帶來好運氣**常常掛在嘴邊，這是有根據的，對諸多關於風水的預測也完全正確，更增添我對風水學的信心。這是好多年前的一個震撼，也是因為看到這個大吉大好的風水格局，更加深了我對風水學的使命感。

大師叮嚀

多年的老友小邱夫妻，與我一起見證風水的神奇

小邱夫妻倆都和我一起經歷過這一段過程，他們也被風水的奧妙偉大給深深的震撼了，尤其是由總統府參軍長昇任參謀總長的那一段更加神奇！所以，夫妻倆對我的敬佩之情常表露無遺。霍守業上將離開職務已然多年，目前也已經搬

家他處了！這段往事印證了**一流風水會出一流人物的事實，是我風水經歷很重要的一環，是值得銘記的重要片刻**。目前，我協助朋友興建工廠或別墅，總會用這段過程做為參考，所以，風水師的閱歷很重要是毋庸置疑的。

選房子要有那些避諱與禁忌

⚠千萬不要住出卦的房子
⚠奇形怪狀的房子不要輕易住
⚠千萬不要輕忽「二五到門」
⚠買屋自住不宜選擇法拍屋
⚠巽宅與坤宅容易有寡婦現象
⚠別住太小的閣樓
⚠龍低虎高的房子不利於男主人
⚠住在兩河相夾的房子是大不利的風水

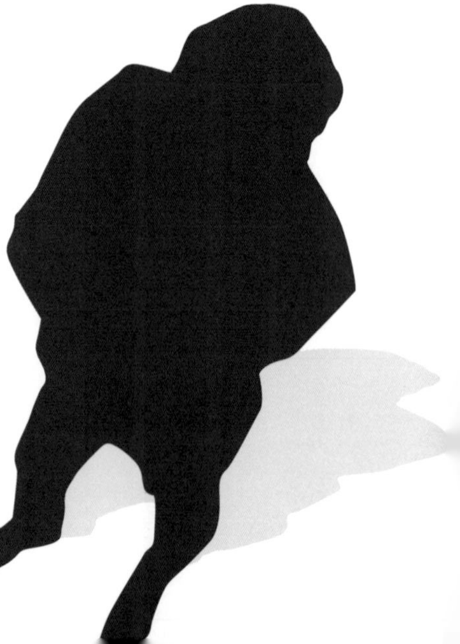

千萬不要住出卦的房子

很多人都輕忽了風水的影響，以為住在不好的風水一陣子應該沒有關係，但我已經親眼看過無數住在壞風水的人，結局都相當不好，所以才會不斷地再三提醒。而我幫助過的案例當中，超過九成都蠻成功的，只有很小一部分成效不佳，原因多半是本身不夠重視、礙於面子或蔑視風水學。

很多人在買房子時只注重外觀，有些人選擇外觀富麗堂皇、雅致大器的，有人挑裝潢高雅的美宅，但大多數的開發商都沒有請風水大師幫忙規劃，誠懇的告訴各位，好風水的房子並不多，而且——很多房子根本都不能住人！

現在，讓我們來認識出卦這種大凶的格局。

出卦的房子是大凶

早年，我曾經住在桃園平鎮的永光路，住在那裏的時候，隔壁的鄰居父親和兒子都離婚，再隔壁那戶發生凶殺案，而對面的鄰居精神異常……，整條街很多人都是鰥寡孤獨，許多人都問題很多……。後來回頭看，我才恍然大悟，住在出卦的房子真的是大凶。

出卦就是座向不清楚

我們大家都知道，八卦分八個方向，東、西、南、北、東北、西北、東南、西南，如果你的家是以八卦分出來的座向，像是座北朝南、座南朝北、座西朝東……，就是有清楚的座向。看到這裏，或許你會疑惑，難道有房子是沒座向的嗎？其實這樣的房子還真多呢（出卦的具體度數可見〈珍藏多年的傳家寶1〉）！

那麼，什麼樣的房子算是座向不清不楚呢？

若是家裏的座向度數介於北邊或西北之間，或是介於東或東南之間，**不在八卦分出的座向裏，這樣的房子就是出卦**。我走遍臺灣、杭州、上海、溫哥華，有很多房子都是這種格局，住在這樣的屋宅裏，容易讓人行事極端、徬徨、精神錯亂，而且可能離婚、家庭破碎、破產倒閉、官司纏身、久病難癒、意外車禍、憂鬱症、被倒帳收不到錢等等。

大師叮嚀

出卦的房子不好是多年統計的經驗

中壢的龍岡路上，有一整排都是出卦的房子，其中，只有上市公司葡萄王在富貴線上——葡萄王企業的樓房建築刻意蓋得斜斜的，和龍岡路那排房子度數大為不同。

經過我這些年來的觀察，住在出卦那一排房子的人都有問題，但葡萄王在臺灣的股價卻是扶搖直上，奠定營養食品市場的地位，這和風水其實大有關係！

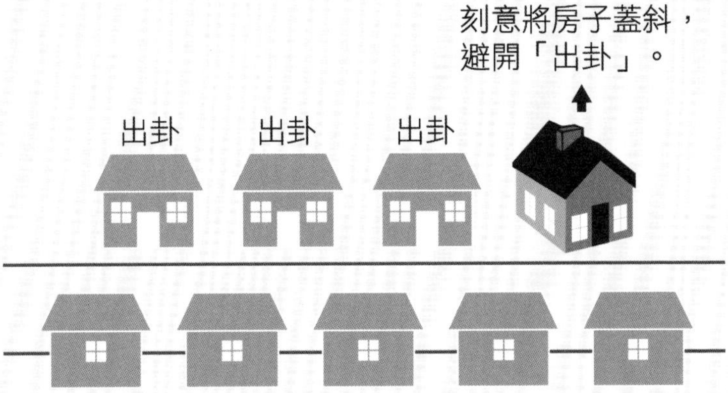

圖4-4 避開出卦，讓房子座落於富貴線上，創造出好的運氣。

奇形怪狀的房子不要輕易住

現代人因為思想多元，喜歡將房子設計得很新潮、很時尚，尤其一些前衛的設計師，就愛標新立異，把房子設計成圓形、不規則形。我其實**不鼓勵將房子設計成太多奇怪的形狀**，因為從風水學來說，房子還是以正方形或長方形最好，溫哥華和新加坡的房子就都設計得方方正正的，這樣的住宅才不會有卦位不全的問題。

卦位不全就是房子缺卦，我們把房子的九宮畫出，就會得出八個卦位，如果房子方方正正，八卦卦位便會齊全，如果是圓形、梯形、不規則形的住宅，一定會在某處缺了卦位，這樣的房子，容易讓你的人生與家庭有不圓滿的地方。

缺卦的房子容易使家裏少了成員

李先生由於目前租的房子風水不好，想要儘快搬家，當時我正在上海，卻被他連環Call，原來他們夫妻倆先暫時住到老丈人家裏去，急著約我，希望我一回臺灣就先幫忙看看他岳父的房子。

在看過他岳父的房子之後，我開門見山地直接告訴他：「你岳父恐怕離婚了吧？這個房子沒有母親，而且你岳父應該不常住家裏，他在外面有女朋友，反而大都在女友家留宿。」只見李先生一臉的驚愕，因為我說的一毫不差，看房子風水就能知道那麼多，這是一般難以想像的，也讓他詫異萬分。

我會這麼說，當然有判斷的準則。李先生岳父的房子乾宮微微缺卦，乾代表父親，所以宅主應該常常不在家；此外，坤卦也有缺卦，而且是缺得相當徹底，坤主宅母，所以是此宅沒有女主人；最後，他岳父的臥房在巽卦，二〇一三年起巽卦桃花風起，代表他外面有女人。

很玄吧？走進房宅竟然可以看出這些，這說明高明的風水大師可以做到「索隱探幽」。

我在大陸各地看了很多造型新穎的大樓，很多都有問題，每棟大樓都彎弓拐角的，很難找到方正的宅邸。就風水學來說，房子方正與否是相當重要的事，

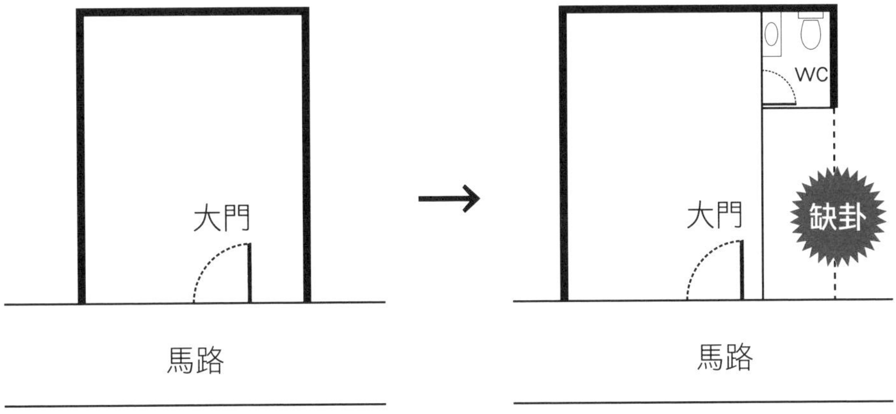

圖4-5 房子缺角，往往代表家中少了人，不可不慎。

房子缺角就是缺陷，往往代表家庭裏頭的成員缺失，嚴重一點的就變成少了一個人，這也是意外或家人死亡的一種表徵。

圖4-5的房子原本方方正正，「多此一舉」後，就造成缺卦了！所缺的卦位正是這個房子的長子卦，所以宅主二十五歲的長子在打電腦的時候，趴在桌子睡覺一覺不起，當初這個不幸的案例讓我相當震撼，所以請大家務必小心缺卦的房子。

許多設計師以不規律的房子為時髦，設計出許多缺卦的房子，然而，我跑遍美國、加拿大、挪威、瑞典、新加坡、日本、法國、意大利等國家，方方正正的房子還是占多數——老外重視家庭的態度其實不亞於我們中國人！

八卦的每一個方位，都代表家裏頭的組成份子

房宅的八個卦位代表一個家庭的組成份子，缺一不可，所以我幫人看房子時很重視房子的方正，長方形或正方形無妨，總之最好不要缺角，這代表家裏缺一個人口。以新加坡的組屋為例，這些政府興建的住宅大部分都方方正正，也很符合風水八卦的意象，代表人民長幼有序、有倫理，非常值得學習。

千萬不要輕忽「二五到門」

不論是別墅、大樓，甚至是一間工廠，其設計建造都要注意門向。門向就是大門的方向，也是氣口，它和得旺氣或得衰退之氣密切相關。除此之外，門向也和宅主的出生年的命卦有關係，我們不論在哪一年出生，都會有一個五行屬性不同的命卦，出生命卦和住宅相生相合當然是最好的，如果不能夠相合，至少也不要相剋，倘若相剋，住在裏面的人會經常感受到壓力，事事不順。

忽略「二五到門」，癌症更惡化

我有一個陳姓鄰居得了癌症，二〇一四年時煞星飛西北方，我們住的這排房子的大門，剛好就是西北方，我於是特別叮囑，要陳先生不要從大門進入（我們的住宅有另一個車庫的門可以進出）。

可惜，他們並沒有把我的話放在心上，一天去倒垃圾時，我還跟陳太太再提了一次：「我不是叫你們不要從大門出入嗎？」陳太太的回答也很無奈：「他不聽我的話，說從大門比較方便啊！」沒多久，陳先生就因為癌症過世了。

避開二五到門度危難

我最近又看到了一間「二五到門」的房子，紫白飛星的二黑是病符星，只要是五黃和二黑交會在大門，就是「二五到門」，**二五到門損主且重病，機率非常高**，倘若處理不慎，往往會出孤寡，幾乎沒有例外的。

我相當慎重的跟案主說明，才說完，女主人林太太立刻就回答說：「我老公目前腦部長瘤，請假在家休養。」這件事讓她六神無主，全家陷入愁雲慘霧之中，我能想到的最好辦法就是改人門，但二〇一五年是乙未年，流年的太歲星好巧不巧的就在大門邊上，改了大門會動太歲——基本上我們會建議「太歲頭上不動土」，可是不改大門，「二五到門」就無法消除，主人的病症又該如何是好？

斟酌了一下，我們還是決定要改大門，畢竟救命之事不得拖，但我建議他們全家先搬到鄉下娘家去住，試試看可否降低動太歲的影響，並請他們近期內事事謹慎小心（一般而言，任何的房子動了太歲，三個月內最好要萬事小心）。最後，我幫他們選了一個個漂亮乾淨的日子動工，雖然施工期間還是因為動到太歲，導致男主人林先生跌傷，頭上縫了幾針，但現在的好風水也帶來好運氣，二〇一五年的六月初，他們就找到榮民總醫院的腦科權威許秉權醫生幫他開刀。

聽到消息時，我的興奮之情難以言喻，身為一位風水師，看到案主能順利趨吉避凶，挽回一條命，真的是天大的好消息！感謝一切是那麼的幸運、那麼的美好，如今，林先生已安然度過生命中最危險的二〇一五年了。

大師叮嚀

風水學可以預測吉凶禍福

風水學也可以說是預測學的一種，它讓我們有了警戒心，就像氣象預測、地震預測、股市分析預測一般，很值得重視。話說回來，如果風水學能幫助我們逢凶化吉，讓身體更健康，又能增進財富，又何必去懷疑風水的價值呢？

買屋自住不宜選擇法拍屋

阿國想要買一戶法拍屋，價錢相當的「經濟」，讓他很興奮，又相當猶豫，畢竟他們夫妻倆胼手胝足、省吃儉用了好多年，好不容易才存夠了一筆錢，買一棟大房子正是他們的夢想，只是還沒有很確定到底適不適合買。

一般來說，我並**不太建議買法拍屋**，如果真的要買，一定要事先了解前屋主以前是不是住過這間房子，假使住在房子裏卻搞到要賣房子來解決困境，其中一定有問題。這一類型的法拍屋，建議最好不要買來自住，但如果價錢合宜，作為投資又有獲利的可能，那就另當別論了。

我經常會碰到一些不能更改不能調整的房子，例如**路橋邊上的房子**，**一般不鼓勵購買**，除非馬路很寬闊，車水馬龍人氣很旺，還勉強可以考慮，其他的應該列為拒絕往來戶。法拍屋也一樣，多半代表前一手的的屋主有經濟上的困難，或是有其他比較難以解決的困擾，房子才會被法拍。如果之前的屋主住過此宅，下一任屋主又住進去，很可能就要承受之前的負面因子。

每一棟房子都有我們肉眼看不見的磁力線，如果之前的屋主債臺高築，後面的屋主就要有所心理準備；如果前屋主發生過意外或有重病，他睡過的房間或床也有可能會遺留負面的因子，這樣你還覺得法拍屋能住得心安嗎？

大師叮嚀

住錯房子好比充錯電，倒楣的事將層出不窮

法拍屋裏面可能會有凌亂的磁力線干擾新屋主的思維，或許你很難察覺中間細微的變化，但我還是要提醒你，住錯房子就好比充錯電，人體可能會生病，倒楣之事也會接二連三的發生。**我們挑房、買房，就是要多接觸正面因子，遠離負面的**，這正是所謂的「趨吉避凶」，所以還是建議要避開。

巽宅與坤宅容易有寡婦現象

因為過去政府在規劃道路的影響，有些地區為了配合道路，容易出現這四種格局的房子——西北向東南的乾宅、東南向西北的巽宅、東北向西南的艮宅或西南向東北的坤宅。

可見，現在風水的下元八運其實非常不利於這種格局，尤其是巽宅和坤宅，稍一不慎，很容易變成標準的寡婦居。

寡婦居並不表示一定出寡婦，只是很容易導致「寡婦現象」，例如老公外出工作很少在家，或足丈夫無能不會賺錢，而無能也容易變成性無能……，這種情形對夫妻間的感情很傷。比方說，丈夫倘若長期在外，感情自然也較容易受到外力、桃花的影響；而一對夫妻如果分床睡或異地而居，都會受到磁場的不同而導致「同床異夢」，思想或話語會變得沒有交集，那就大不利於整個家庭了。

除此之外，居住在坤宅或巽宅的女人往往比較強勢，修養不足者容易看不起丈夫，容易有女子當權的現象。夫妻是一個家庭的主要成員，星家講究陰陽平衡，應該不分彼此才能陰陽調和。

所以說，除非是風水很好的巽宅，否則我大都不建議居住這種房子，**一旦坤宅或巽宅的**

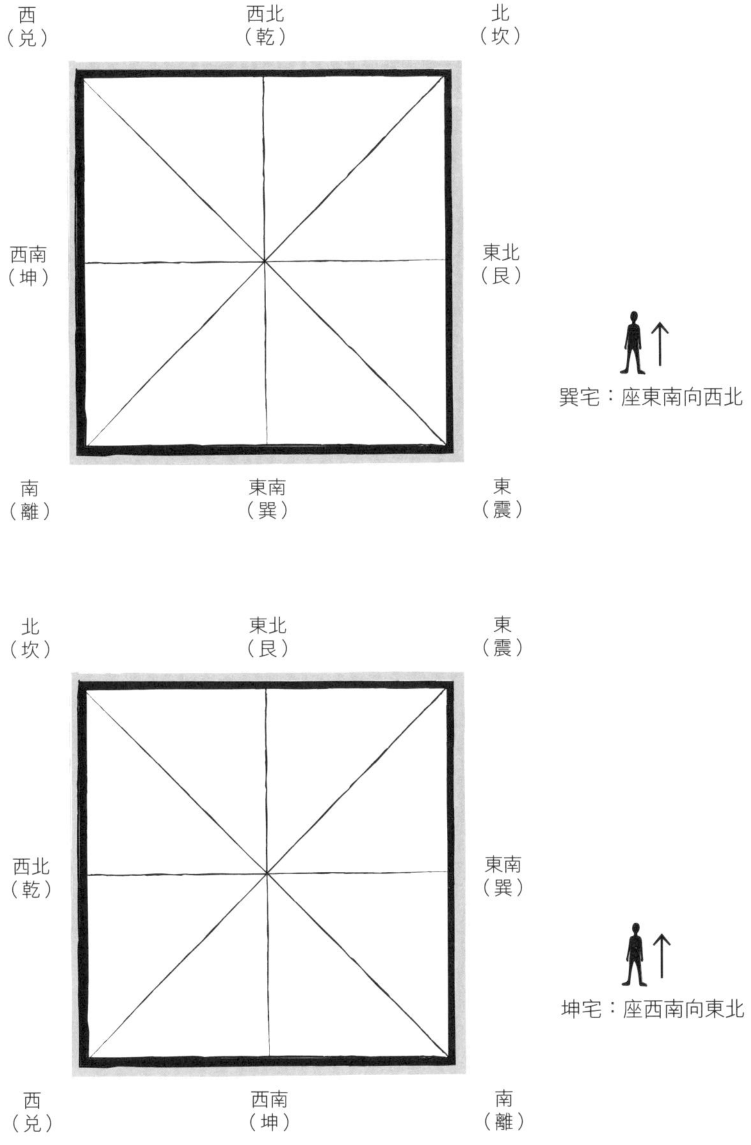

圖4-6 在下元八運之下，巽宅和坤宅易成標準的「寡婦居」，不得不慎。

格局不佳、大門不吉或是當事人流年不利，很容易就會出大事。我有一位感情很好的同學小林，就是住在座東南朝西北的巽宅，結果他不到五十歲就因肺氣腫（肺積塵）而過世；小林的好友小王住的同樣是巽宅，結果也在五十多歲突然心臟病過世；我媽媽去世時只有五十六歲，住的也是坤宅；我另外一位老同學，不到五十歲腎臟就割除一個，身邊重要的親人一個個出事，都造成不可挽救的憾事……。

往事一幕幕，有這些慘痛的前車之鑑，我真心希望自己能夠運用風水學，幫助大家走向幸福……。

大師叮嚀

危險的巽宅還是不要住

《紫白訣》有云：「巽陰就離，風散則火易熄。」《玄隋經》也提到：「巽從中來，婦悲萎陽。」這些古人們的經驗，都告訴我們純陰的房舍不利於男主人。好一點的情形是軟剋，頂多是夫妻之間的歡愉變少，或是男主人事業不順、投資碰壁，存錢不易。但若碰到硬剋，通常結果都很讓人遺憾，我曾經多次印證，巽宅的男主人都有年輕早逝的現象，所以小心為妙。

別住太小的閣樓

這幾年，臺北市的房子漲幅驚人，一坪動輒數十萬元，信義區和大安區的房子每坪更是一百萬起跳，新聞都在報導，必須不吃不喝十五年、二十年——甚至三十年，才買得起臺北市的房子。隨著房價高漲，應運而生的就是小坪數的套房大行其道。

這類的房屋大多不到十坪，裏面還有客廳衛浴設備，甚至還有小型廚房，當然少不了睡覺的床。只是，床有時候是靠在牆壁上，睡覺時才放下來，也有些小套房睡床設在小閣樓（或樓中樓的上層）。總之，麻雀雖小，五臟俱全，燈光打開就像是溫馨的小窩，乍看之下真是人見人愛，舒服至極。

坦白說，我不得不潑點冷水，因為風水上並不鼓勵住那麼小的房子。這是有原因的，一個房子有八個卦位，再把八卦分成五種氣（詳見〈冰箱不可對著爐灶？〉），這些氣有好有壞，如果睡床就占了二或三個卦，一定會接觸到不好的氣場，這是百分之百大凶的。**晚上睡覺充電的地方非常重要，充錯電或被不好的氣包圍，不是貧，就是病**，這可茲事體大了！

如果睡床是在小閣樓上，那更是不妙，因為太低的天花板會扭曲人格、壓抑性格，容易使人的視野偏頗，因而容易胡思亂想，更不用說床位一占就是兩到三個卦了。

若覺得市區的房價太貴，實在住不起，建議大家不妨往郊區找房子，不僅價格上比較沒有壓力，空間多半也不會太小，但還是要提醒各位重視風水的好壞，若住進一間新房，過了一年左右，運氣都還不錯，那麼房子風水應該還不賴，若是諸事不順，就趕快逃開了吧！

大師叮嚀

要改變腦袋，先改變磁場

想要改變口袋，要先改變腦袋，要想改變腦袋，必先改變身邊磁場，因為磁波會影響我們的腦波，我們居住或辦公的空間，有很多看不到的磁力線，天天都與我們共舞。所以，我的使命是介紹**真正的風水現象**，讓朋友們**分辨出風水的真假**，我相信我這一類型的文章在市面上是很少見的。一個人想要成功，必然先要有一個好的風水，希望我能運用風水學，替大眾帶來福祉，做出好的功德。

龍低虎高的房子不利於男主人

「買間什麼樣的房子來住，就決定了未來將得到什麼命運！」找到好的房子，會帶來極佳的命運，反之，買到風水不好的屋宅，前途往往令人堪慮。

猶記十多年前，我在幫小江看房子時，他家正前方正在蓋一棟大樓。小江個性很開朗，常常是一陣爽朗的笑聲傳來，我們就知道他來了。後來，對門的房子蓋好了，是一棟很高的大樓，這使得他家的磁場大大的改變，由陰離子變成了陽離子，原來的氣場整個顛倒了過來，這在風水學上是非常嚴重的大事，不可小覷，於是我勸他最好在大樓蓋好之前搬走。

小江的父親是地方上的士紳，家境富裕，

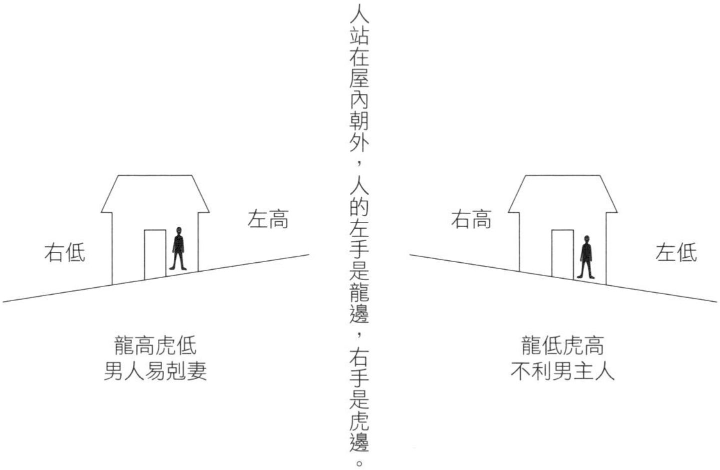

圖4-7 龍低虎高或龍高虎低的房子，都有其需要注意的地方，要小心。

當時也幫小江蓋一棟別墅。他聽信我搬家的建議，於是帶我去看他的新別墅，別墅就在一條小斜坡馬路邊上，左邊低右邊高，這就是俗稱的龍低虎高的房子，一般而言，大不利於男主人，我只好再次直言相勸，兩間房子都不能住。

時間匆匆，一下子半年就過了，我在某天突然接到小邱的來電，告訴我小江罹患了胃癌。原來，小江家對面的大樓蓋好了，但他沒能立刻搬家。我第二天就立即趕到苗栗，想協助他找到好風水的住家，期盼他能躲過這個劫難，很幸運的，我們一天之內就找到一戶好風水的住家，把它租了下來。

小江立刻搬到租屋去住，經過休養，身體也日漸康復了。時間又過了一年多，他父親幫他蓋的別墅也完工了，他失去了戒心，搬回新家去住了——這也是人之常情，哪有人會放著新家不住，卻去租房子住呢？這一年來，小江很少跟我聯繫，當然就沒人警惕他了，我再次聽到消息的時候，就是被告知他搬去那不利男主人的別墅住沒多久，僅四十歲左右，就告別了人間……。

大師叮嚀

龍高虎低的房子男人易剋妻

龍低虎高的房子大不利於男主人，龍高虎低的房子（左邊馬路較高）則與上文敍述相反，通常男人個性及能力都很強硬，如果碰上強勢的女主人，就容易變成不利於女主人，嚴重一點的可能危及性命，不可不慎。

住在兩河相夾的房子是大不利的風水

我曾到過上海市朱家角附近的高級別墅區研究風水，在那裏，每戶房子都是千萬以上人民幣起跳的，但經過我仔細勘察，整個別墅區的房子都有問題。

那些房子並不是卦位不全，而是整個社區到處都是水道，**水太多在風水學是不吉祥的，即所謂的「水多則泛」**，意思就是，光波零亂的地方，水太多就泛濫成災了。在那個別墅區裏，我幾乎找不到一棟好風水的房子，所謂「水能載舟，亦能覆舟」，水的傳導氣場較正常氣場快三倍，吉者甚吉，凶則大凶，千萬要小心謹慎才好。

此外，多年前我聽聞新北市的某一棟大樓裏，有住戶跳樓了，後來到現場才發現，這棟大樓就位在大漢溪和淡水河的相交之處，這其實是很不好的風水！大陸有

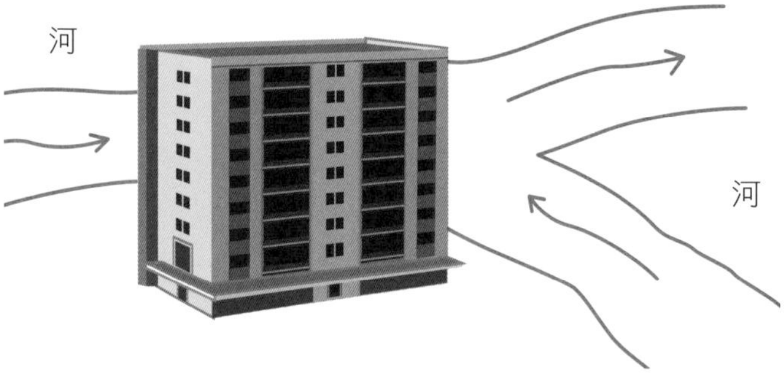

圖4-8 被兩條河相夾的房子，最好不要住，行事容易荒唐、極端。

很多類似格局的房宅，住在裏面的人很容易有負面的思考，結果導致自己走投無路，所以我**不建議住在兩河相夾的房宅裏**。

再說得白一點，根本用不著看座向，只要所住的房子被兩條河相夾，住在其中的人就容易行事荒唐，走向極端，惹禍上身，驗證《紫白訣》所說的：「巽宮水路繞乾，主懸樑之厄。」這樣案例我看過不少，一定要小心！

大師叮嚀

玄空風水裏的「巽宮水路繞乾」

《紫白訣》有云：「巽宮水路繞乾，主懸樑之厄。」巽是東南方，乾是西北方，如果這兩個方向都有河流經過，繞住房子，那麼住在這樣風水裏的人，行為容易乖違，也比較容易有上吊的傾向。

好風水，帶來好運氣。

大師(吳)風水

先生
小姐

No.00268

風水格局圖

度數

地址

看屋日期

第5章
這些都是真的！風水大師的奇聞妙事

座向

回診

風水診斷

問題

建

壞風水會招陰、招病，還會讓人腦波異常

⚠懸掛風鈴，晚上惡夢連連，原來招陰!?
⚠現代聊齋，陰濕的房子鬧鬼
⚠親家和友人的癌症，都是風水不佳!?
⚠發生過不吉事的房子，真的不要住
⚠鄉長貪心，找錯風水師，導致長女發瘋

懸掛風鈴，晚上惡夢連連，原來招陰!?

坊間有很多人喜歡掛風鈴當裝飾，聽著它傳來清脆悅耳的聲音。不過，民間也流傳著這樣一個的說法：風鈴在半夜叮噹叮噹作響，類似法師的招魂鈴。這種說法並非完全沒根據，就我個人來說，也**不建議大家掛風鈴**。

然而，仍有一些自稱風水大師的人說風鈴可以辟邪，其實，我試過掛風鈴會產生什麼樣的結果。

有一年，我的好朋友高小姐住隔壁，我們的房子都是開龍邊的大門，那年她房子的門向正好逢「二五到門」，再掛個風鈴就是「二五六同到」，擔心朋友不願意掛，於是編了謊言告訴她：「掛風鈴會增加財運。」於是，她興致勃勃的買了風鈴來掛，但才過了一個星期，她就已經受不了了，跑來告訴我說：「大師，我三更半夜天天做惡夢，有穿白衣的鬼，有沒腳的幽魂，還有面目猙獰的鬼怪來找我……，但是，說是夢又像真的，我是不是撞鬼了，怎麼辦才好？」

玄空風水裏有提到，凡住宅有二五六同到之處，必然有鬼，是為天、地、人三卦具齊也——風水裏的天為六，屬金，而風鈴有叮噹叮噹的聲音，五是人代表五黃，二是坤為地。

高小姐家開龍邊大門，其實已經是二五到門，再加上六（風鈴聲），天地人三卦齊會，會做這樣的惡夢，其實並不奇怪。

大師叮嚀

風鈴也不宜掛在車上

我也不建議在車上掛風鈴，其實平時大致不會有什麼問題，只是倘若恰好經過不乾淨或出事的地方，風鈴因為車子的晃動而發出了聲響，正好招魂、招鬼，那可就冤了！所以，風鈴還是不掛為宜。

現代聊齋，陰濕的房子鬧鬼

無論你相不相信這世上有鬼，但接下來這個故事是我經手過的真人真事。一名離婚的單身女子因為夜夜睡著時都有男鬼來找她求歡，所以來找我幫忙看房子，但一開始她並沒有告訴我這件事。

這名女性和大女兒一起居住。我一走到她家房門口，就隱隱覺得不妙，因為房子的中庭相當陰暗，兩旁的大樓擋住了天井。一開門，便看到她的床在「二五六交會」的位置，也隱隱約約感覺到房裏的陰氣很重，所以便約她走到屋外再談。

我直接告訴她：「妳恐怕必須搬家。」女子毫不猶豫的接受了我的建議，甚至還能察覺到她有種急迫感。她要我幫忙找房子，我當然也很有效率，迅速地幫她找到一間風水好，而且又在富貴線上的房子。

剛開始，我不好意思問她太多的私事，經過幾次往來，彼此比較熟稔了之後，她才在某次機緣下跟我坦白表示，原來住在之前那間房子時，有一個男鬼每夜都來入夢，他們之間發生多次纏綿悱惻的交媾情事。有一次，男鬼聽到她跟女兒講要搬家的事情，還非常多情的來夢裏求她不要走。

雖然，她覺得男鬼沒有加害於她的意思，但人鬼總是殊途，而且也覺得自己的精神愈來愈不濟，健康指數下滑，才會在我的建議下毅然選擇搬家。

由於我幫她找的這間房子風水不錯，而且是門開旺方，從此，男鬼就從她的世界裏消失了。《紫白訣》提到：「陰陽不相逢。」人鬼畢竟殊途，選購房子真的要特別小心。

風水學講氣場，**只要氣能流動，而房子擁有足夠的好格局能集聚好氣，那就會形成好風水**；相反的，若氣不流通，也就是沒有良好的光波，便容易使房子太過陰濕，陰氣變重。不諳風水的人，這點可要好好運用：挑房子時，**空氣流通**、**光線充足**很重要。

大師叮嚀

位於地下室的房子不要住

買房子千萬不要住在地下室，地下室氣不流通，而且通常很陰暗，容易聚集濕氣，也容易招陰。從健康的考量來看，住在地下室也容易招致疾病。不論在東方或者西方，都有很多靈異故事，雖然許多情節未必真實，但就居家而言，我寧可信其有，只是在好風水的房子裏，人鬼多半能相安無事，至於所謂的凶宅（因為風水不好，人就容易受到干擾），我奉勸最好還是敬而遠之，剛居住幾天或許沒事，但時間一拉長，恐怕就東倒西歪了，千萬不要太鐵齒！

親家和友人的癌症，都是風水不佳!?

研究風水那麼多年，我愈來愈覺得這個學問浩瀚無垠。風水學影響人生的層面很廣，**財富**、**事業**、**家庭**、**感情好壞**都和它有關，**健康病痛**也和它息息相關，然而，最讓你我驚訝的是——癌症竟然可以在風水的探索中找到重要的防治方法。

這是一個讓人激動、振奮的情況，近五年來，我身邊罹患癌症的人，竟不約而同都存活下來！首先，我要說的是我的親家，他在五年前罹患了大腸癌，之前我就看過親家的風水，發現他家風水有問題，但考慮到對方是退休的老師，個性上主觀意識也較強，有些話我實在不便說出口，很擔心他們以為我是在詛咒或唱衰。

那時候，一聽到親家得到癌症，我第一念頭就是救人，不容許再考量太多了，便直言要他們更改床位。所幸，生病的人總想找一線生機，所以他非常配合的聽了我的話。漸漸的，我發現他的氣色愈來愈好，有一次爬山還遇到他和親家母，整個人神清氣爽的，完全不像個癌症的病人！看著他恢復健康，我真的很欣慰，如今，距離他被診斷出癌症，已經過了五年多了，整個人依然生龍活虎，完且不像個癌症病人。

另一個案例是住在上海青浦的歐先生，三年前罹患癌症。我去歐先生家看了房子後，發現又是壞風水惹的禍。我立即通知他趕緊搬家，哪怕是先住旅館也好。我也在期間陪他找房，看到了一間「玫瑰灣」的好宅，後來，他就搬進去住了。過了一陣子，我又去看他，身體似乎已經康復了大半，氣色也由枯黃轉為紅潤。如今，他的病更是已經痊癒了，這真是令人振奮的例子！

誰都可能住錯房子、睡錯床，很多時候，人生的苦難很可能是自己犯錯造成的，然而，只要能夠正視風水的力量，就有機會提升運氣，兼顧財運和健康。

大師叮嚀

千萬不要忽視壁癌的可怕

家中若有壁癌，常會帶給屋主一家霉運與病痛，不可不慎。某個中部地區的地方政要首長，多年來官司不斷，年齡稍長，病痛就天天來拜訪！他夫人利用空檔邀請我幫忙看宅，他們家的西北乾方剛好犯了交劍煞（六七同宮），牆壁上滿是壁癌，我勸夫人快修補牆面，否則很不利，但因碰上選舉事情忙，就被耽擱了下來！西元二〇一四年，大凶的五黃星又飛西北方，西北乾方代表宅中的男主人，果然，男主人落選了！後來還得知他的病一直沒好，一度住院觀察十幾天。

壁癌在風水上扮演了一定程度的霉運角色，一定要處理掉。

發生過不吉事的房子，真的不要住!?

任何一間房子，都有我們看不見的磁力線，這些磁力線是由太陽光線射入房子之後，與人體的體熱熱能相互作用、相互影響。太陽光波進入人體內，會對荷爾蒙產生影響，荷爾蒙的分泌則會影響主人的情緒與健康，所以說，**一間房子的風水有問題，就容易影響他的思考與健康**。

一個朋友找我幫她看看新買的二手房，說真的，那間二手房的買價實在很便宜，少說也比市價低了一、二成。只是，唉，就是有問題。

幫人家看房子，我向來不愛說場面話，只是實話往往沒那麼好聽，有時候實在令人很為難，但是為了案主好，再不好聽，還是得直說。於是，我老實跟好友說：「前屋主是因為得到癌症才賣房子，而且他就是住在妳準備作為主臥室的那間房間，這樣妳還要進一步裝修嗎？」這些事情她其實都知道，會找我幫忙，也是希望我能協助她解決這個問題，但即使初衷如此，她仍然很訝異我是怎麼知道這些事情的？

有問題的房子其實很容易看出來，前屋主的負面狀況，很容易對後來住進來的人產生同質性的影響。狀況很大的房子，幾乎是不可能更改其負面力量，所以一般來說，別住還是最好的做法。好友一家現在平安、幸福，所以我誠心誠意地叮囑她，要珍惜現在的一切，不要心存僥倖，才能讓幸福維持下去。

什麼樣運氣的人，就會住什麼樣的房子，買房、租房皆是大事，不可輕忽！

大師叮嚀

三十八年沒入土，翁家的興衰與沉淪

在西元二〇一五年三月過逝的股市名人翁大銘，曾任華隆集團董事長，後因涉入洪福案（一九九四年洪福證券違約交割案）且負債高達新臺幣四十八億餘元，已被臺北地院宣告破產。

翁大銘的父親是早年臺灣紡織業的大亨華隆集團創辦人翁明昌，他去逝三十八年都沒有入土，棺木就放在他座落在陽明山的別墅大廳裏，如今這棟價值二億五千萬的別墅也逐漸荒廢。翁大銘當年在股市帶起很大的風雲，動輒百億、千億新臺幣進出股市，聲勢浩大，叱吒上個世紀的翁家至今煙消雲散，死的死，走的走，真讓人慨歎不已！從風水學的觀點來看，原來翁家的沉淪，只是翁明昌沒有入土而已，令人警惕啊！

鄉長貪心，找錯風水師，導致長女發瘋

臺灣許多政治人物，內心滿是貪婪、狡猾。在一個偶然的機會下，我幫中部地區的某鄉長設計了一間房子。過了一年半，他又跑來找我，說房子有問題。

到了他家以後，只見一個乩童向我揖禮：「大師！幸會，幸會，這房子就是我們倆設計的！」我一聽，就知情況不妙。原來，鄉長在我幫他規劃完屋宅後沒多久，又找來乩童幫他看房子。

站在我眼前的乩童，一副神氣活現的模樣，用很熟練的閩南語說：「我早就說，設計房子時鄉長來找我就對了，我在房子的九個方位上都放了五十元，這叫九五之尊啦！」說著，他又大聲高呼：「我又在房子的外面精心設計了樓梯，你看，這樓梯像不像老虎的尾巴翹起來，所以鄉長已經可以橫著走啦！鄉長如果去選舉，我只要去撒豆子，撒豆成兵，一定當選的啦！」

如果一切真的都那麼完美，鄉長為什麼又要把我找了過來呢？這是因為——他的長女發瘋了！

鄉長的長女為什麼發瘋，聽過我的解說後，你也許會認為一切都是咎由自取。這位乩童

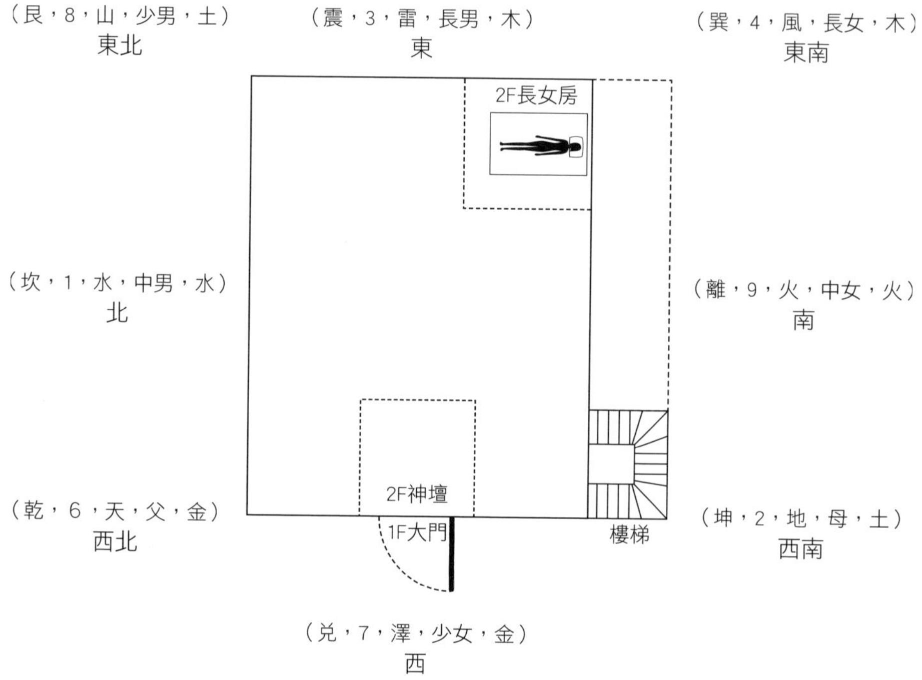

圖5-1 加蓋戶外樓梯後，反而導致東南方缺卦，使長女發瘋。

在房子的外面，也就是西南的地方，又多設計了樓梯（就是乩童說的老虎尾巴）。乍看之下，你會以為屋外的樓梯是多了一塊地，但從風水的角度來看，這代表房子已經不方正、不完整了——西南方多出一塊地，東南方卻因而有了空缺，這就是「缺卦」。二樓的東南之處，是他長女的房間，東南為巽，巽在家庭關係正是代表長女，在自然的代表為風，風也是瘋、中風的代表，結果他的長女真的發瘋了（失心症）。

此外，鄉長家的神壇在二樓的西方，長女發瘋的當天，拿著打火機把土地公的鬍子燒了，還釀起不小的火災。土地公為紅色，紅色為火，因為神壇在西方為金，而火剋金，所謂「九七穿途，必釀火災」，當時，我這樣一對照，發現風水學真是神準，了不起！

大師叮嚀

風水學最忌貪心，找錯風水師

風水承傳儒家的中庸之道，不可貪妄！鄉長找的乩童，基本上是完全不懂風水的人，不要以為一個大師不夠，就再找另一個大師來看，這好比一個大廚炒了一鍋好菜，你又亂加調味料，味道就不對了。這個鄉長本性就是貪心的，我又知道他在某處貪了一塊地，不想再幫他了，想當然爾，他也落選了。

以自身經驗證實祖墳風水影響子孫甚大

- ⚠千萬不要忽略祖墳也是一件大事
- ⚠曹操的墓穴風水一定有問題
- ⚠祖墳的分金很重要
- ⚠王永慶的墓犯了反吟伏吟的錯誤？

千萬不要忽略祖墳也是一件大事

我在前面的章節提過，在把父親的祖墳設在富貴線後，我才開始進入風水大師之列，也才有今天的智慧。這是我的親身經驗——祖墳的影響，真的很大。

祖墳至少影響到三代的子孫，不可不慎

如果你研究過風水，便會發覺，早期的風水觀點幾乎都著墨在墓葬，中國最早的風水典籍就是東晉的《葬經》。現代的人極少做這方面的研究，可能是土地不夠，民間習俗改變所致，但是先人的祖廟或是祖墳，卻是對人們的家族影響巨大而且深遠。

真正的高人，可以看到一個墳墓，就論斷他後人的富貴安危——祖墳宗祠至少影響三代以上的子孫。比方說，臺灣蔣介石家族兩代人都沒有入土，導致經國先生的兒子們——

風水小知識

中國最早的風水典籍——《葬經》

《葬經》為東晉郭璞所著，亦稱《葬書》，這本書對陰宅風水術影響甚深，中國風水界都公認郭璞為風水學的鼻祖。

《葬經》分內篇、外篇、雜篇。《宋志》記載，郭璞《葬書》一卷，自宋始出，方技之家，競相粉飾，遂有二十篇之多，後有宋代蔡元定和元代吳澄選注分類，現今風水大師無不將郭璞所傳《葬經》作為研習寶典。

蔣孝文、蔣孝勇、蔣孝武、蔣孝慈等人，都在很年輕的盛年去逝，實在讓人不能不警惕祖先風水的重要。

陰宅對家庭的重要性和影響性真的很大，它會影響家族成員的健康（尤其和癌症息息相關），也和子孫綿延（子孫後代多寡）有關，和富貴、貧窮與事業好壞更是脫離不了關係。我們可以這麼說，**陰宅是家族盛衰最基本的關鍵**。

這些年來，認識了很多成功又富有的朋友，偶而看看他們的祖墳，都發現到先人陵墓的重要。其實，這也是風水學中孝道的一種表現，它所表現出來的就是一脈傳承，很多我們忽略的小事，其實都是很重要的大事。

大師叮嚀

靈骨塔也有方位問題

現代人去逝不一定用土葬的方式，即使是將骨灰放在靈骨塔，也不能忽視風水。靈骨塔和土葬一樣首重度數，再來看水局與來路，所以，也不要忽略靈骨塔的風水。

曹操的墓穴風水一定有問題

只要精研風水易學，懂得八卦的道理，通常就能夠從祖先的墓園，看出後代子孫的興旺與否。

祖墳犯錯，後輩兄弟樹倒猢猻散

西元一九九〇年，E君的爸爸因心臟病發去世。當時，他們家開設的公司非常興旺、人氣鼎盛，公司資本額已經達六億多，也做好上市的準備了。

E君的兄弟們有志一同克紹箕裘，繼承父業。無奈E君命運多舛，四十歲之後就中風，因為不良於行，無法工作，只好賦閒在家。公司在其餘兄弟的管理下，私心自用，每況愈下，債務漸增，最後落得解散的田地。公司由興盛落入敗亡的時間大約經歷了二十年，E君也在六十初歲辭世，逝世之前，最大的遺願是葬在父親跟前。

這時，我已經深研風水多年，建議E君的妻子讓我去看看他公公的墓園，E君的父親安置在新竹縣關西鎮某山上的寺廟裏，是一個大凶的風水格局，難怪他兒女那麼不爭氣，兄弟相煎，排斥異己，公司向下沉淪。和尚不懂風水，將廟宇建築在「出卦」的度數上，**無論是**

陰宅或陽宅，「出卦」都主意外凶難、兄弟不合、股東拆夥、官司頻發、企業倒閉、財務是非、借貸難還、鰥寡孤獨三代而絕、破產不孝等等。

兄弟操戈的曹墓風水

長輩的任何事都不應草率了事，這才是真正的孝道。這不只在陰宅，在陽宅上也一樣，父母的住家風水若吉，那「此宅必出狀元郎」；反之，當自己居住的房子風水不好，卻期望出個好兒郎，豈非緣木求魚？

說到這裏，東漢末年三國時期，曹丕欲殺曹植，命曹植作詩，曹植感歎的說：「煮豆燃豆萁，豆在釜中泣，本是同根生，相煎何太急。」你說看看，曹操的墓，是不是出了問題？只有祖先墓園出了差錯，才會兄弟操戈啊！

大師叮嚀

祖先的陵園是盡孝，也攸關後代子孫的未來

祖先陵園是孝道的表現，也是教導兒女最佳的範疇，現代家庭對任何事總是想省點事或草草了事，結果就是傷害到自己而不自知。

看看鴻海集團郭台銘，年年祭拜已逝的夫人和弟弟，不論是夫妻情、兄弟義，情深

義重，感人肺腑，難怪他愈來愈富——這樣忠義雙全的表現，對社會是最好的典範，值得敬重。

祖墳的分金很重要

好友小邱家的祖墳四年前動工，那個半桶水的風水師將墳墓的「分金」用在正南正北的一八〇・五度，和富貴線差了七・五度，又選了個「草木凋零」的農曆七月動工，真是讓我啼笑皆非，傷透腦筋，這到底要改還是不改呢？

從這位朋友的例子，我們又再次發現祖墳的分金線有多麼重要。小邱夫婦是一對傳統愛家的模範夫妻，從他們倆還是小職員時，我們就友誼深厚、互動頻繁了！二十多年來，無論是大事或小事，我都是他們深信的顧問，現在的住家或公司的選址建造都是我設計安排的傑作，唯獨沒有參與他們四年多前新建的祖墳。

墓園風水有差錯，遲遲無法抱孫

三年前，常看到小邱的眉頭深鎖，煩惱頗多的模樣。某日，我邀約他們夫妻倆一起吃中飯，答應飯後一塊兒上山去看看新建的祖墳，他們一聽，喜出望外——原來，他們一直擔心我不肯幫他們看祖墳。

上山後，我很不客氣的罵了他們一頓，這個祖墳風水實在是造得糊塗又荒唐。「羅經差一線，富貴就不見。」這個墓園出了差錯，但是都已經造好了，也只能將錯就錯，難以更改了！

三年前，小邱夫妻的孩子繼緯和繼正相繼成婚，一家人口昌盛，兩房媳婦漂亮又賢慧，兩個兒子工作表現優異傑出，只是，最盼望的第三代始終不見消息。兒媳也都去做了檢查，身體全都健康正常，就算用人工受孕的方式，還是難以著床。看到情況這樣，他們也只能自我安慰，也許是兒子、媳婦們工作壓力大吧！

重建祖墳，媳婦好孕到

這四年來，小邱夫婦就這樣抱著一份遺憾，二〇一四年十月的某一天，他們突然問我：「我們想將祖墳重新建造，將它改正，你認為好嗎？」既然好朋友都開口了，這個忙我非幫不可！二十多年來，他們夫妻倆幫我介紹很多客戶，讓我有機會幫助有需要的人，讓更多人的生活有機會改善，也算是做了許多好事。既然祖墳度數錯了，當然需要改正，畢竟，這是百年大計哪！

二〇一四年年底，我們選了一個良辰吉日，央請臺北的鄭先生重造祖墳，過程一點兒也不敢馬虎，每件事都慎重謹慎。尤其，羅經線更是拉在最佳的富貴線上，在二〇一五年的春節前完工了！新建的祖墳，真的是比以前更加大氣、更加好看！快過年時，我挑選了一個良辰吉日要繼緯夫妻回家居住，年後他們一家還邀約我一同去花蓮渡假，從花蓮回來沒多久，就傳來了令大家都非常興奮的消息——繼緯的太太雅郁懷孕了！

這個讓我們異常興奮的大喜事，我將它視為年度的傑作，是小邱夫妻重視孝親又常做善事，上天恩賜福澤的顯現。感謝上天，感謝每一位關心的朋友們！

大師叮嚀

從分金線裏找出真正的富貴線，祖墳設計忌圓形

祕傳的分金線有些不會發富（有些分金線是偽訣），但我們可以從分金線中找出真正會富貴的富貴線。風水古籍裏偶而會看到「分金」這個名詞，只是老前輩沒說清楚，後生晚輩看書囫圇吞棗，結果很重要的風水訣竅就被忽略了。

我曾在陽宅裏提到，不要住圓形住宅，不只因為容易缺卦，也容易不在富貴線上，同理可證，**祖墳也不要設計成圓形，不要有弧度，以免無法座落在富貴線。**

王永慶的墓很可能犯了反吟伏吟的錯誤？

這樣說有點無奈，但富人往往比較有財力弄個更好的風水，有一定經濟基礎改變生活環境，因為改變住居往往就是改變生命的重要關鍵；反之，經濟壓力大的人，有時光是滿足家計都很吃緊了，自然較難有能力改變！

這的確是實話——想要求個符咒就能改變一切，從此過著快樂幸福的日子，這樣想真的是太天真了！

反吟伏吟的宅居，讓朋友的父親得了癌症

我有一個朋友的父親得了癌症，我觀察他家的房子後，發現很可能是「反吟伏吟」的宅居，尤其在現在八運的基礎下，住在艮坤向（座西南朝東北）的房子非常不妥適，這往往代表家族人口容易患有癌症——「反吟伏吟」的房子容易官司沒完沒了，人口不平安，這種情況已有許多案例證明了！

不過，他家人口眾多，而且家人和我接觸尚淺，倘若經濟情況又有限，真的無法改變！何況再怎麼抽爻換象，房子的度數都是無法變動的，這可怎麼辦呢？他們家的狀況愈來愈糟

了，父親腸癌仍然在化療當中，姊夫也在二〇一四年因癌症過世，就連他自己，最近身體也檢查出異樣了！老實說，只有搬家，改變生活環境，這樣的做法才有轉機！但是搬家的細節那麼多，樣樣都要錢，好友或許能聽進去我的建議，但他的家人呢？改變是需要很大的勇氣與魄力的。

王永慶的墓可能犯了反吟伏吟的錯誤？

若說風水學是有錢人玩的遊戲也無可厚非，但要注意風水也有輪流轉的時候。西元二〇〇八年，臺灣的經營之神王永慶去世了（二〇〇九年入土），才過世不久，家族就上演爭遺產的風波。我在一次的機會得知，王永慶的墓是一位王姓風水師幫他安排的，是座西南、朝東北的「艮坤向」，我很懷疑這位風水師根本不懂風水，因為在下元八運之中，艮坤向很容易形成「反吟伏吟」。

「反吟伏吟」主人口不平安，官司打不完，我相信，只要是風水學中的高手，鐵定不會在八運中用艮坤向，因為這不是明擺著害人嗎？難怪這幾年王永慶家族的官司不止，獲利明顯下降，雖然臺塑集團體質雄厚、實力仍堅強，然而，我還是覺得王姓風水師實在不該這樣安排。

大師叮嚀

什麼是反吟伏吟？

「反吟伏吟禍難當。」不論陽宅或陰宅，都應該小心「反吟伏吟」。當有飛星五黃入中宮，就算犯反伏吟（順飛入中宮為伏吟，逆飛入中宮為反吟）。下元八運期間（西元二〇〇四至二〇二三年），座西南朝東北的「艮坤向」、「寅申向」（這裏的艮坤向、寅申向是羅盤裏的二十四個座向——二十四山，詳見〈附錄一〉），都要小心反吟伏吟，古書云會「有火坑」，丁財兩敗。

風水是企業的警報器。

大師 吳 風水

先生
小姐

No.0026

風水格局圖

度數　地址　看屋日期

第6章

風水運用在企業上，準確率100%

座向　回診

風水診斷

問題
律

長榮和華航舊址的風水比較

不曉得你搭乘過世界十大最佳航空公司的長榮航空的飛機嗎？長榮航空自一九八九年成立以來，飛安紀錄傑出，而且從西元二〇〇三年起，連續第九年都獲得德國航空專業雜誌《AERO International》選為全球最安全的十家航空公司之列。事實上，長榮航空的零失事，也有風水在背後助一臂之力呢！

在臺灣，相信很多人都知道，最近剛過世的長榮航空前總裁——張榮發先生，其實是一個非常重視風水的人，傳說以前他任用機師，不只要在技能、專業上達到標準，還要先讓他信賴的大師看過呢！

長榮航空風水大吉，三十年零事故

早期長榮的地址在長安東路二段，是在松江路附近，整條松江路的房子都座落在富貴線上，長榮航空自是不例外。長榮航空成立迄今，已將近三十年，一直保持「零失事」與零罹難人數的飛安紀錄，我相信，這和長榮的風水大吉，亦有相當大的關係。

華航因為換新址，不再有飛安意外

另一方面，臺灣第一大民用航空業者——中華航空，自西元一九五九年成立後，總共發生十四次的飛安意外，尤其在西元一九九四至二〇〇二年間，每隔四年就發生空難，因而被稱為華航四年大限。華航最近一次的飛安意外，則是西元二〇〇七年CI120班機在琉球那霸機場起火爆炸的事件，但自從西元二〇〇九年十一月它在桃園機場的新營運總部「華航園區」開始營運，就不再有飛安意外了。

我們先來看看華航總部舊址的風水吧！華航總部的舊址是在南京東路三段，位於南京東路和龍江路的交界處，當時的華航大門開在西南方，西南是指二，假如五黃煞星飛入，就是「二五到門」，因此我們便可以想像，為什麼華航當時那麼容易墜機了！所幸，華航後來把營運總部搬到桃園了，新營運總部的風水比當時南京東路的風水好上許多，而很多讀者想必也發現，華航已經變成最安全的航空公司了！

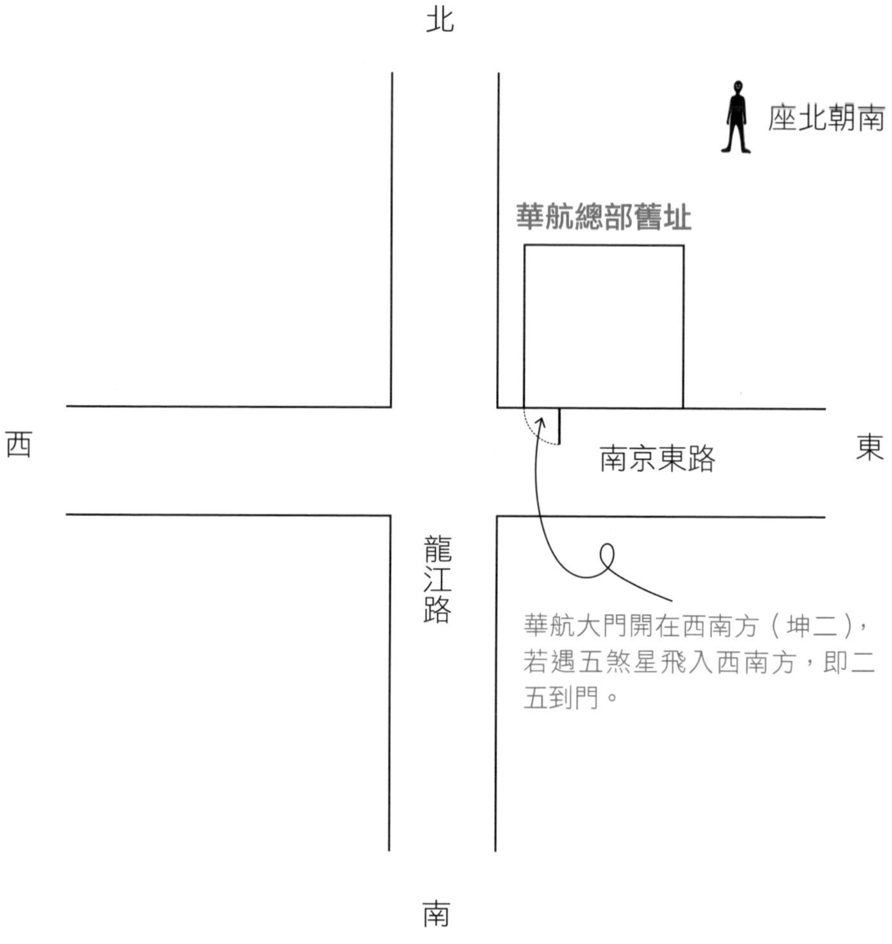

圖6-1 華航舊址大門開在西南方，容易造成二五到門的狀況。

我也很欣喜看見華航的成長與進步，近年來還獲得了世界十大飛航的表揚，這應該也是好風水帶來的結果，國人搭乘華航班機，應該可以放心。

大師叮嚀

企業風水好，就不易受到大環境影響

身為臺灣的一份子，看到航空公司的進步，也是我們值得驕傲的事情。**一家公司的風水好，通常比較不會受到金融風暴影響或有意外事故的發生**，所以你能說風水不重要嗎？

從新舊址的風水，決定HTC的盛衰

經過數十年的佐證，玄空風水對人類社會具有超強的效益。這些年來，我常常想將它運用到建設工廠上，因為這可能是對更多人群產生助益的做法——如果很多公司風水都很好，老闆們就有能力發放更多的薪資給員工，減少人才流失的情形，讓企業愈來愈有競爭力，結果員工們又會有更好的福利。當員工的生活能一步一步向上提升，就更有機會改變原本自己可能不算太好的環境，不是嗎？

世界智慧型手機大廠HTC，多年來一直是臺灣很重要的品牌，臺灣雖為世界科技重鎮，但要像它那樣膾炙人口，又能在全球名列前茅的，其實真的不多！

曾經臺灣股王，如今面臨大規模裁員

過去，只要HTC一季的營收業績表現良好，臺灣的GDP就會微微上揚，它是臺灣品牌中少數能夠在紐約與倫敦辦新品發表會的。不過，從幾年前開始，ＨＴＣ就負面新聞不斷，營收每況愈下。

首先成為新聞媒體焦點的是：首席設計師的背叛，洩漏新產品的機密。當時，從西元二〇一一年到二〇一三年，才短短兩年的時間，宏達電的股價就從一千三百元下跌到百元以下，令人感慨萬千。

我對ＨＴＣ有很深的感情！ＨＴＣ是以前的臺灣股王，很多臺灣人也都以它為榮，我有一桶金也來自它股票的大漲。在臺灣科技界深受韓國三星衝擊的那段時間，ＨＴＣ曾經是臺灣人一份難以言喻的希望，很多人都盼望ＨＴＣ能夠揚眉吐氣，可惜ＨＴＣ卻是一年比一年讓人失望。

ＨＴＣ的董事長王雪紅曾是臺灣的女首富，美國《富比世》雜誌公布「二〇一一年全球富豪排行榜」，王雪紅及夫婿陳文琦以六十八億美元（新臺幣二〇〇三億元）資產榮登臺灣首富寶座。

雖然王雪紅是企業家第二代，卻是自己創業，而且做得有聲有色，在臺灣股市裏，她可說是千元股價的創造者，只是近年來股價跌跌不休，而二〇一五年又證實宏達電在新店總部與桃園廠在十月底前要解僱六百名員工，可說是雪上加霜。

好風水換壞風水，誰的餿主意？

其實，HTC有一個很大的問題是將舊廠桃園的研發總部，改到新北市新店區的研發總部。原本在桃園的研發總部座落在富貴線上，但搬到新店中興路上，這風水就差了舊廠十萬八千里。我曾拿著羅盤到HTC新店的研發總部前觀察其風水，發現新店中興路的正門正是「二五到門」。大門是氣口，氣口不對，代表公司高層做了很多錯誤的決策。

在風水學上，我個人也非常重視「水局」，因為**水的力量大過氣的力量三倍**。新店HTC大廈的後方有一個二十四公尺大的水池，很不幸的，它是由東朝西的流水，而在易學上東為三，西為七，「三七疊至必背主忘義」，所以可以很肯定的說，HTC搬家到新店的這裏後，一定做了不少錯誤的決策。

坦白說，我真的好想幫助王雪紅，好想讓臺灣品牌躋身國際舞臺，讓臺灣人在世界上受人尊敬。只是，這是一個很難達成的願望，因為風水非常講究緣分，也需要信任，不是一位風水大師上門拜訪、自薦就一定能成事的。

當初宏達電一搬到新北市新店區的新研發大樓時，我就已經發表文章表達了滿心的擔憂，如今這份憂慮似乎已經成真……。我絕對沒有任何負面的想法，相反的，我很愛

ＨＴＣ——過去，我也一直是它的愛用戶，不管怎麼說，宏達電都是臺灣科技業的標竿。只是真的感慨，那麼大的一家公司竟然沒有風水顧問？真是令人惋惜！

選到壞風水，有時是足以讓頂尖的公司一籌莫展，甚至淪落到抬不起頭來的地步，你或許會覺得不可思議，但經過我長期驗證下來，卻是再真實也不過的了！無論是一間工廠或一座新大樓，風水用錯了影響絕對是巨大無比的，不可不慎。

大師叮嚀

我不曾看過風水大凶卻還可以賺錢的公司

雖然這樣說，有點太鐵口直斷了！但有時候，現實真的是——「風水不好，無論怎麼努力也不會有機會。」以前世界最大的手機公司ＮＯＫＩＡ、目前正在低潮的北美手機大廠黑莓機，都和ＨＴＣ犯了同樣的錯誤，從創立公司時期的好風水，搬到新大樓的壞風水，看著那麼優秀的公司逐漸走向凋零，真令人傷心。

風水是一種信仰，相信它才有助力，真正的風水並不迷信，是很值得我們運用於生活中的成功工具！好風水帶來的助益，會讓你想偷懶都沒有辦法，因為好機會將會一直來！

複製ＹＫＫ工廠，等於複製成功

多年來，我每看了一間房子或一棟廠房，就會很認真地做出標的物詳細的資料，詳細記錄它的座向、大門方向，用羅盤測量出它的度數，確認土人住在那個方位？辦公桌安置在何處？廁所和爐灶又設置在何方？接著再追蹤了解宅主的實際狀況：財運如何？健康如何？家庭成員感情又是如何？多年下來累積了相當豐富的資料，再和我的所學相互印證，以便做出更準確的判斷，幫助自己身邊的朋友。會花了這麼多功夫，是因為我一直想破除坊間風水學的迷信——為人要正派，要誠實，無論我是不是風水師，這點都是我的堅持。

多年前，我有個機會替日本的拉鍊大廠——ＹＫＫ看風水，它於一九六〇年設立在桃園市中壢區。

自西元一九五〇年代起，臺灣開始陸續有外資來臺投資之後，ＹＫＫ就是非常著名的一個外資企業，在我的少年時期，村子裏有很多阿哥、阿姊都是它的員工，而中壢這間ＹＫＫ工廠，則是日本ＹＫＫ在海外眾多工廠中最賺錢的一個廠。

值得許多企業Copy的風水

能夠進去ＹＫＫ研究廠房很不容易，必須得到日本籍總經理（社長）的同意，所以我很珍惜這個機會。ＹＫＫ的在臺社長是個嚴謹細心的人，每件事情都向我問得很詳細。

仔細看完工廠後，我的心情簡直是感動兩個字都無法形容。從廠區座向、工廠大門設立的方向、辦公大樓的位置、辦公室員工所處的方位、總經理辦公室等等來看，這個工廠幾乎是達到「完美風水」的地步。當年我看過的廠房還不夠多，能看到赫赫有名的工廠而且風水又十足大吉，完全符合好風水理論的，自然是驚喜到筆墨難以形容！

近日，我正好要幫助上海的朋友設立一個新廠，它的座向和ＹＫＫ廠幾乎完全相同，回頭翻閱到過去記錄下來的這個案例，照案Copy複製過去後，看朋友目前的狀況，似乎已經成功一半了，心中又是一陣欣喜啊！

大師叮嚀

要有大成就，先放下你的自尊

許多人想成功，卻放不下身段，過分強調自尊，但世界不會看到你的自尊，人們往往看到的是你的成就，在還沒有成就之前，勿過度強調自尊。

遠雄和曹大掌櫃雖富有，卻常官司纏身？

企業或家庭的敗亡，往往從風水學可以找到答案，也可以輕易的從風水看出異象。如果能在出狀況之前，即在風水上做調整，很多時候是有機會扭轉乾坤的，風水師的價值即在於此。風水學是企業的警報器，重要的是你會不會用人？

趙藤雄名列臺灣四十大富豪之一，資產規模約一千七百億新臺幣，是臺灣最大的房地產開發公司總裁，也是經常上電視媒體的高知名度名人。不過，可能是流年不利，西元二〇一四年六月他因「八德合宜住宅案」被羈押，二〇一五年年底被判緩刑，但他和當紅的臺北市長柯文哲團隊的嚴重摩擦似乎還無法停歇……。

遠雄前方有阻，二〇一四年又逢西北大凶

首先，讓我們來看看他新入駐的遠雄金融大樓的風水吧！

遠雄集團大樓是在西元二〇一三年一月入駐臺北市信義計畫區松高路的，它的左前方就

是臺北的地標——臺北一〇一，而企業的前方有更高的大樓，這在風水角度上看來，是一大阻力。

西元二〇一四年是甲午年，正是西北大凶，趙老闆真是流年不利，《紫白訣》曰：「坎宮高塞而耳聾，乾宮落陷主入籠。」這……真是名副其實的「主入籠」，乾坤的乾表示西北方（遠雄大樓位於整個信義金融區的西北方），而且「乾為天，為父，為領導人」，堂堂超級巨富發生這種事情，讓人情何以堪。

然而，換個角度來看，遠雄這個區域的路線規劃非常好，座落於臺北市信義金融商圈，臺灣頂尖的金融集團多在這裏設立總部，例如國泰世華集團、中國信託集團、富邦金融集團、CITI花旗銀行等等都入駐這個區域。從風水的角度來說，遠雄大樓的大門並沒有問題，而且大樓座落的松高路是在富貴線上，所以整體上來說，雖然有狀況，但風水還是比在新店的宏達電強多了！

我只是很感歎，遠雄畢竟是個大型集團，旗下有成千上萬名員工，這些人都靠領公司的薪水才能養家，期待老天有眼，讓紛擾快快結束，給社會一個寧靜，給員工們一份安穩，也算是賜給蒼生的福氣。話說回來，那麼大的集團卻在公司大樓風水上出這種狀況，我還是認為非常不妥，而這，又是一個搬到新大樓就出事的故事了。

曹家祖墳是大富的風水，卻也是官司纏身見證

說到這裏，又讓我想起多年前陪一位好友替他去世的父親尋找墓地的事。某天，我和他來到基隆附近的一個山上，那是非常著名的超大陵墓區，當地的業務員認真的向我和朋友介紹，這區域當中有哪些名人的祖墳。

期間，我看到五十公尺外有一個很漂亮的墓園，於是好奇的問業務員：「那是誰家的祖墳？」他回答是聯電集團董事長曹興誠家的祖墳。那是一個座東朝西的墓地，當時逢下元七運，正合「天市合丙坤，富堪敵國」的條文，其數七、八，下元時收山得七八九，以水之四相配，主大富。

然而，也因為是東西座向的墓地，在七運中，正符合「木金相剋，背恩忘義」，也主「三遇七臨生病，那知病痊癒卻遭官」。

事實上，曹興誠以前的官司真的是好多，從西元二〇〇四年起，曹興誠和宣明智被新竹地檢署依違反「商業會計法」及背信等罪嫌起訴，此案目前在高等法院「更一審」後仍判無罪，但期間經過多年纏訟，浪費時間與精力，更浪費許多社會成本。不過，這樣驗證下來，只能說玄空風水真是神準！

大師叮嚀

風水是企業的警報器

一個企業的成長至成功，除了努力外，或多或少都可以看到運氣的影子。至於要如何掌握來無影去無蹤的運氣呢？風水是個很好的工具，只要能看出風水的異象，而趕在敗亡之前做調整，很多時候是可以扭轉乾坤的。

他人建宅出賊寇，
我的設計出富侯。

第7章 別錯過！風水大師三十年看家本領大公開

建廠成功的必要條件

投資的資金愈來愈大，企業家的責任就愈來愈重，任何一個環節都不應該馬虎！

從公司廠房到主要幹部的住家，都經過風水設計

幾年前，我受朋友——ＪＰＰ精寶公司的鍾國松總經理之邀，到泰國曼谷幫他設計工廠的格局。當時，鍾先生在風水還不錯的老廠中引進了新機器，業務愈來愈順利，部門規模也一再擴充，原廠便不太足夠。為了這個愈來愈大的新事業體，他決定蓋個新廠，不敢輕忽風水的他，特意請我幫忙。

鍾先生的工廠，從建廠開始的每一個環節，都由玄空地理的理論來規劃，例如：①大門的門向；②樓梯、廁所的位置；③辦公區域的方位；④董事長、總經理室、財務室的方位……，這些全都經過我們審慎的思考、設計、定案、施工。後來，這間工廠在短短七年大幅成長，廠房是當初的四倍大，業務翻了二十倍，也於二〇一四年在臺灣上櫃了！

鍾先生相當的信任我，在泰國期間，我看到一戶風水大吉的房子，強烈建議他們夫婦買下。多年來，這間好風水的房子伴隨他們成長，也帶給他們很多的好運。不只如此，建廠初期的所有核心幹部，包括副總、負責歐洲事務、日本業務的三位主管以及廠長等人，他們的住家及床位都按照我的意思去安排。

幫李董設計工廠，躍升免洗餐具業的大廠

多年來，我一直運用統計方法去觀察、研究那些很賺錢的公司有什麼特徵，再配合玄空風水的法則去規劃與設計，讓我再舉例一個具體的例子來跟各位分享。

十多年前，李新傑董事長的公司——文賀實業——還是個小廠，我們相識之後才買下一些土地建造現在的工廠。建廠後幾年，又逐漸買下周邊的土地，工廠不斷擴大，事業版圖也持續擴張。如今，已經成為臺灣最具規模的餐具廠牌了。

當初建立這間工廠時，我建議在大門內種六棵椰子樹，是因為工廠是東西面向，取其樹幹挺直，古代的衙門大都是東西座向，直立的樹木是象徵性的廷杖，也就是衙役喊「威～武～」的那個廷杖，象徵此宅主人官民兩方都有好交誼。十幾年前，我在建造新房宅的時候

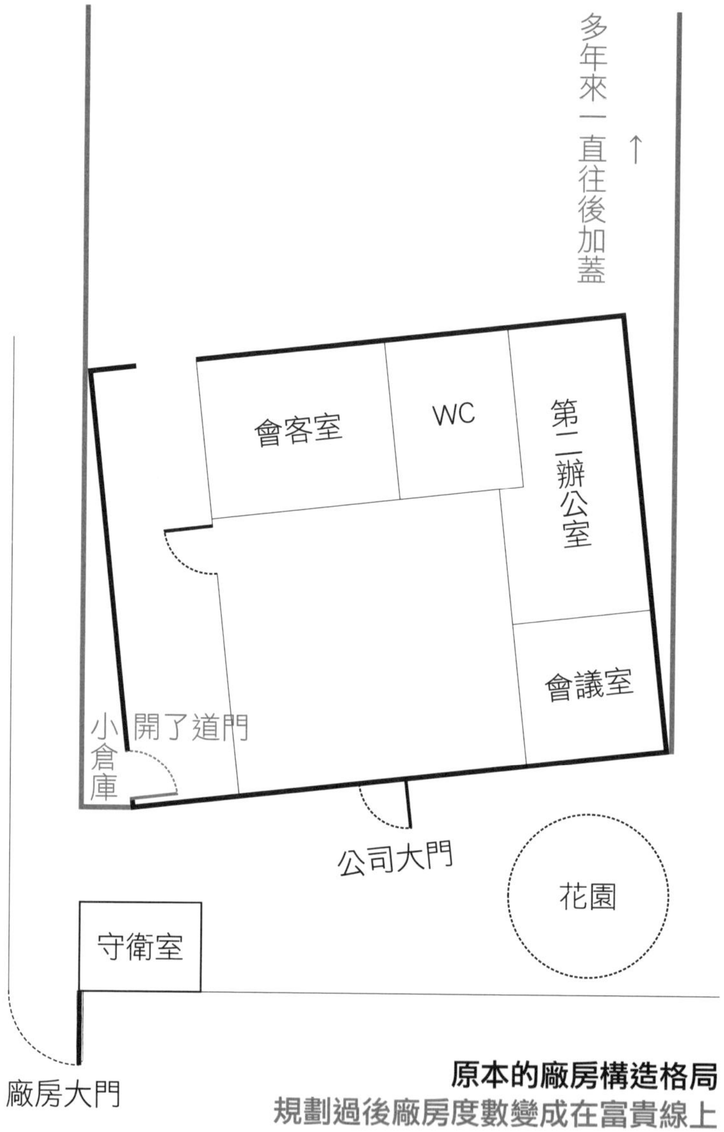

原本的廠房構造格局
規劃過後廠房度數變成在富貴線上
是我很自豪、很成功的設計

圖7-1經過我的規劃，李董的工廠就不斷地往後加蓋。

常常會種幾棵椰子樹象徵一下，多年下來，確實得到不少良好的印證，這是風水學很特別的一個例子。

李董工廠規模的成長令人吃驚，過去營業額不到二千萬的小工廠，現在廠房長度至少八百公尺深，而且在其他地方還有二廠、三廠，三廠是在二〇一三年以新臺幣六億買下的，這是個比較新穎的現代化廠房，又過了幾年，當李董公司準備上市時，門面看起來又更加體面大氣了。

建廠成功三要素：風水好、孝順認真、富貴線

有朋友問我建廠成功需要什麼必備的條件？我常常跟朋友們說：「住在好風水，好機會就會來找你。」所以，第一當然要**住家與工廠的風水都要很好**。

第二，就是我強調的**孝順與認真**，這點在李董公司逐漸壯大的過程中就可以看出一些端倪，李董夫婦工作認真、事親至孝，十二年前認識他們時，李董的母親已因病常年臥床，但幫她換個好風水的住家、床位後，讓她的身子好轉了些，也提升老人家人生最後幾年的生活品質（已於二〇一四年逝世），說明好風水有助於健康，也讓公司高倍數的成長。

第二、工廠在設計建造的時候，我用了一個很特殊的設計去設定「**富貴線**」，這種設計的成功，其實令我相當驚訝！但這很難用文字說明清楚，朋友們若有興趣，可以私下請教。

這三大重點絕對是建廠成功的必要條件，當然，每個廠區的大門出入口是氣口，氣口應該求其旺氣，而董事長室、主管座位、辦公區域的安排都非常重要，一間工廠的投資資金相當龐大，最好能夠一次到位，不要隨意更改。

所有的風水設計都必須要經過試驗，然後才將成功案例複製到下一個人的身上。我不喜歡用太迷信的方式解釋風水學，雖然風水的確有不少難以用科學解釋的現象，但我仍然不希望大家太迷信，而我的研究方法，至少是經過大量統計的驗證。

大師叮嚀

免洗餐具工廠成功的小祕辛

在這裏透露一些小祕密給讀者，這免洗餐具行業之所以那麼成功，和工廠的座向有很大的關係，座東朝西在五行屬木，東震的座向非常適合紙類事業，因為紙漿是木漿製造的，取其相生相合；而開西面大門，西兑的五行屬金，代表人體的口唇，和吃和餐飲有關，所以免洗餐具行業大吉。

買對土地，身價倍增；買錯土地，慘賠一生

人生在世，許多事情冥冥中都有點天意，會和什麼人做朋友也都有個緣分，而朋友是不是你的貴人？你會不會追隨他的腳步？他是否能夠成為你的助力？也都講究一個緣字。在我的「風水人生」中，這點也是一樣的……。

十多年前認識傳宅的時候，他是和兩個同行一起來見我的。在這三個人當中，應該就屬他最為弱勢，生意的規模也最小。當時，他在租來的房子和倉庫做生意，沒有任何自己的不動產。

傳宅是個疼愛老婆的好男人，夫妻情意之深切，令人羨慕不已！他的愛家從行舉之間就可以發現，每天親自接送兩個遠在二十公里外讀書的孩子。他能擁有這樣美滿又幸福的家，其實和他個性篤實有關。

傳宅夫妻倆每次見到我，總是滿臉笑容，十分恭敬的握緊我的手，一直說著感激我的話語。當年來找我的三人當中，只有傳宅一路跟隨著我，所有的住家風水和公司廠房都是我的設計。

被逼著買房、買土地之後，身價倍增

某一年，我強烈建議他買下「維多利亞」的住家，這間房子是順儷建設委託我設計的，是個風水大吉的房子——**住一流風水的房子，人生更有機會**。他們夫妻非常信任我，就這麼乖乖地買了下來。和他們認識那麼多年來，最有趣的事情應該是四年前我逼著他們買下現在公司的那塊土地，這塊超過九百坪的土地，目前已經價值不凡了！我看準這塊土地必然增值而且價錢便宜（附近的土地現在已經千金難求了），但傳宅生性老實保守，所以我幾乎是硬逼著他購買，當時重話都已到嘴邊，差點就要出口了呢！

如今，傳宅的事業相當穩定，只要是同行都知道他身價倍增，早已不同凡響。換個角度來說，倘若錯買了一塊地或是錯買了一個新家，就很容易掉入深淵，開始過著痛苦的日子——這一類型的故事常常在上演。

不聽勸告的哥兒們，買錯土地，建錯房

大約二十五年前，我一位從小一起長大的兄弟，事業有成，賺了不少錢，在某天興奮的

打來電話，告訴我他在車站附近買了一塊地，準備要蓋棟大別墅，請我過去看看並且幫忙設計規劃。

看了這塊地後，我坦白的告訴他：「這塊地大凶，最好別建房子。」這是一個犯了「城門訣」的土地，而且在「游魂卦」嫌疑的正負三度之間，一般而言，住在這種風水的房子裡，都會窮困潦倒、家庭不順。

其實，這塊土地他只付了臺幣二十萬元訂金，後續的建築費用至少還要一千五百萬元以上。我勸說他放棄訂金，但他和父親商議後，仍然決定買下土地，並且興建別墅。當時，我看過的案例沒今日多，經驗也不像現在那麼豐富，哥兒們倆雖然從小一起長大，他對我的專業敬意卻不足，我勸說不動也沒輒，所以只能眼睜睜地看著他平地起高樓，又看著他事業一路跌到谷底，真的很讓人感傷。

多年來，我身邊其實常常遇到這一類的悲慘故事，但也只能不放棄希望，碰到朋友做錯選擇、買錯土地、買錯房時，就鐵口直斷地說明其嚴重性，會有這樣恨鐵不成鋼的態度，就是希望大家都不要犯錯！

人世間處處有陷阱，因為無知犯錯，造成家庭生計困難的例子比比皆是，朋友們買房、買地實在不可不謹慎小心。

大師叮嚀

確認好吉地再買，最保險

買對地的重要性，在於要讓建造於其上的房子，度數可以落在富貴線上，明末清初的風水大師蔣大鴻已經說過了：「羅經差一線，富貴就不見。」這是風水學的重要法則。

買地要注意，不是每塊地都適合建廠、造別墅。很多人都認為，我有一塊地，我想怎麼運用蓋房子都行，其實這樣的想法往往未必正確，還要依其地形、路形等來判斷，一不小心，很可能會造成嚴重的投資錯誤，不得不謹慎。

辦公樓是神經中樞，風水好壞影響事業決策

玄空的高人，可以透過某些法則，一眼就看出房子風水的好壞，看一間辦公室，也可以看出這家公司賺錢還是賠錢，甚至是公司的未來展望都可以做出準確的預測，這多因為中國《易經》的博大精深，傳承給我們這麼多寶貴的智慧。

陰陽差錯的大樓，讓年輕的建商面臨倒閉風險

幾年前，我的朋友介紹一位很成功的年輕建商給我。當時，這位建商賺錢賺得非常容易，少年得志，難免姿態也高。

看過風水後，我坦白的告訴對方，他的新辦公大樓是棟「陰陽差錯」的大樓，這是一個大凶的格局，往往會讓人判斷錯誤，甚至股東不和、官司纏身，最壞的情況還可能會有倒閉的風險。

只是，年輕的建商正志得意滿，雖然看似禮貌，沒和我爭辯，卻淡淡回我說：「我公司

的帳戶裏有數億的存款。」接著，他問我：「會不會是你看錯了？」簡直讓我啞口無言，直接愣在現場。

此後幾年，我們都不曾聯絡，但最近朋友告訴我說，他的公司經營困難，壓力很大。我非常驚訝，二〇一一年臺灣的房地產行業還沒有進入冬天吧？怎麼會落得這步田地？後來才知道，他公司聘僱了好幾位狗腿膿包的人員，而他這個董事長在決策上判斷錯誤了好幾次，一錯再錯，最後終於犯下不可彌補的大錯——建造了一棟拿不到證照的大樓。

後來，這位年輕的建商再度來找我幫忙，當下只覺得感歎萬分，因為風水雖能扭轉乾

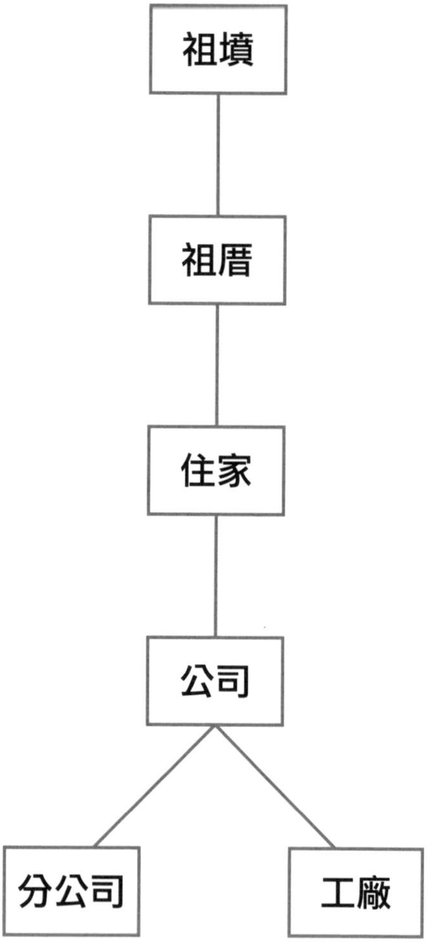

圖7-2 風水是一項大工程，環環相扣，不可不慎。

坤，但無法救急，因為**永久的富貴通常是住家風水好，辦公室的風水也好，甚至廠房的風水也要好，這是一個大工程**，而一家企業出問題，常常不是只有一處有狀況，要調整起來費時又費力，很難救急於一時。

再次提醒大家，辦公樓通常是高層領導或主管的辦公場所，假如風水不吉，那麼，他的決策也必定有問題。

旺山旺向，上山下水，財源廣進

接下來要分享的，是一個因為辦公室風水好而大發十年的例子。大約十年前，江蘇太倉的錦江國際大酒店開張，邀小吳幫忙張羅，他急急來電，請我幫忙選定辦公休息的處所。我幫他找了一間人人都害怕的路沖辦公室，但卻是一個風水大吉的「一六共宗」格局，也符合旺山旺向、上山下水的辦公室。

我態度認真、口氣清楚的告訴小吳：「你要發十年了！」並且強調請他務必多在辦公室待長一點的時間，甚至在辦公室睡覺。千叮嚀，萬囑咐，要他一定要聽我的，安排好了，我才回到上海去。

幾年下來，小吳財源廣進，也已經晉升為吳總了！最近，他有意在國外投資三百萬美元，又急急來電，專程請我到太倉去幫他「把脈」，看看未來十年的前瞻性。這次我們又一起共同做出了好決策、好規劃，前途看起來一片光明啊！

對一家公司而言，風水是一個環環相扣的工程，並不是一間辦公室好就夠了，所以需要長期和信賴的風水師保持關係。我往來上海那麼多年，結識了很多莫逆之交，也看見不少的現實嘴臉，讓人很感慨！我常說人生所有的事都是慣性造成的，熱情熱心是慣性，待人真誠懇切是慣性，反之不識高人、不懂禮數也是慣性——成敗都在一念之間，的確是真的！

大師叮嚀

看著親朋好友事業順利，就是我的幸福

我在兩岸各地也看過很多命好的老闆——某些命格很好的人，往往在不知不覺中就買到極好的房子，當然，如果能再有風水高人指導，那就更加安全可靠了！

徐老闆是個很有福氣的人，他在上海郊區的辦公大樓原本風水就很好，可說是財源滾滾來。這棟老樓就是旺山旺向，而且還開著旺宮大門，說明他過去的十年裏處處有機會，而且廣結人緣。

徐老闆找我來公司並不是看老樓，而是他新的辦公大樓就要完工了！徐老闆也真是

有福氣，準備裝潢的時候剛好找上我，沒有透過我的安排，這間辦公大樓卻可以設計得那麼完美，這說明徐董真是天賜福澤！

這次去杭州，看他旗下合作公司的老總辦公室，也看看那位總經理的住家，風水的分數很高，真是很幸運，這顯現了徐老闆的企業集團前景應該是很樂觀。徐老闆在車上坦言：「自從搬到新大樓之後，感覺上事事都很順利。」其實，看著親朋友好友事業順利，就是我想要的結果。

健康與獲得好桃花的關鍵因素——床位

我們每天睡覺的地方，也就是我們充電八小時的床位，在風水學裏占有很重要的地位，床設在東面或是南方，結果卻是大大不同。財富、成就、病痛、家庭美滿等，都和我們床位有關。

有些人會覺得很不可思議，更改床位真的就能改變命運嗎？經過我多年的驗證，床位設在那一個方向，會決定富貴成就、健康，以及家庭和諧與否。我曾經將好幾個朋友的例子對應到玄空風水的理論，發現床位和健康的關係大有關係，甚至攸關婚姻美滿與否，實在不得不謹慎。

先讓我來說說床位影響健康的兩個故事吧！

風水診斷術，看出房子不利肝膽健康

幾年前，王太太邀請我去她新家看看。她臉上透露出買房子的成就與興奮，其實，她早都想好家中的格局與安排，來找我，只是想聽聽專業的意見罷了！我先在大門外，拿出羅盤測量她家的分金度數和方向，並且看看八卦意象，以協助我進行判斷。進入房子不到三分鐘，我就直接了當的告訴王姓夫婦：「你們有嚴重的病痛。」上了二樓、三樓看完整棟房子之後，我更加確定這樣的判斷沒錯，有問題的部位是肝臟，因為《紫白訣》顯示「損主且重病」，而床鋪設置在不利肝膽的位置上。

年輕夫妻一臉驚訝，他們沒想到看風水是這樣看的，更沒想到竟然還那樣精準！原來，王太太的老公最近被確認出肝癌，讓他們全家憂心如焚。

很多人都是出事了才來找我，大都沒有預防觀念，正確順序應該是買屋前先問問我：「房子風水好嗎？可以住嗎？應該要怎樣安排床位呢？」

房子風水不佳，剋父又剋兒

另一個案例，則導致阿雄的小兒子生了病。

阿雄搬進新家三年多來，發生了很多不順的事情，而且他在半年前發生車禍傷了大腿，到現在還要做復健，也因此而無法工作，他經營的水產批發生意，獲利幾乎少了一大半，全家陷入了極度恐慌。工作不穩定，收入當然就少，新屋的貸款仍然每個月都得繳，沉重的壓力讓他喘不過氣來。

覺得再這樣下去實在不是辦法，因此，阿雄特地找我去他的家，看看是不是在風水上出了什麼問題。

到他家時，我發現他五歲的小兒子得到少見的「兒童糖尿病」，我也是第一次看到這種病症。他小兒子的床位遇到「紫白飛星」的——四飛星和八白星相逢，《紫白訣》：「四綠固號文昌，然八會四，小口殞生。」八飛星逢四飛星是木剋土，八艮土是指小兒，所以剋小兒。這代表，如果不改床位，將會對睡在這個床上的小孩造成很不好的影響。

當時，這是我第一次遇到這種情況，自此之後，我就特別注意床位的座向，這也讓我幫助了好多的朋友，當然也成就了我的風水學。

移對床位，招來好桃花

不只健康，更改床位也能招來好桃花喔！

這是發生在我朋友老張身上的真實故事，這位好友雖然年過五十，外表看起來卻還是相當年輕。他離婚很多年了，在感情的路上一直沒能再找到合適的終身伴侶，看在朋友眼裏，免不了會替他覺得惋惜。在一個到老張家喝茶的夜晚，我突發靈感一來，便建議他更改床位，並且教了他一個絕招，看看桃花會不會發生。

老張思想新穎開放，穿著相當體面新潮，以前結交年齡相近的女朋友，始終都無法修成正果，一晃眼，離婚已十幾年。由於他家是座東北向西南的艮宅，那一年，紫白飛星的六飛星飛到他家的兌方（西方），正好是他床位的對面，紫白的六七相逢，六乾為老陽，七兌為少陰，老陽逢少陰正是老少配的現象。我請他將床移到兌方，並將床單更換成翠綠色，增加桃花之氣，四巽綠本來就是桃花的主星。

移動床位後才一個月左右，非常不可思議的，他現任的妻子就出現了！夫妻倆年齡差距二十二歲，結婚九年多來，感情非常融洽，形影不離，朋友們都羨慕極了。很多夫妻在婚姻上的碰撞，都得靠一份成熟和退讓來幫忙處理，這也可能就是這段婚姻那麼幸福美滿的原因之一吧！

東北向西南的艮宅，現在下元八運並不適合將床位設在西兌的位置，倘若家宅卦象稍有不對，住在兌方很容易變成大腸的毛病，或是肺部的病痛，至於嚴重與否還要其他因素來判定，讀者千萬要慎重，絕對不可以只要桃花不要性命啊！

大師叮嚀

房子的中宮不能當作睡床

請朋友們注意這張我畫的房間示意圖，我將它分成九個宮位，睡床絕對不可以住在中宮，這是大凶的配置，如果家裏的房間是這種安排，保證患重症！

我常常在外面跑，幫客戶看房子，在外留宿時，我都很留心睡床的位置，每個月到上海看房子，我都會費心選擇居住的酒店，上海的好友們都知道我的這個習慣！想要一生平安且富貴，事事謹慎留心，才能駛得萬年船。

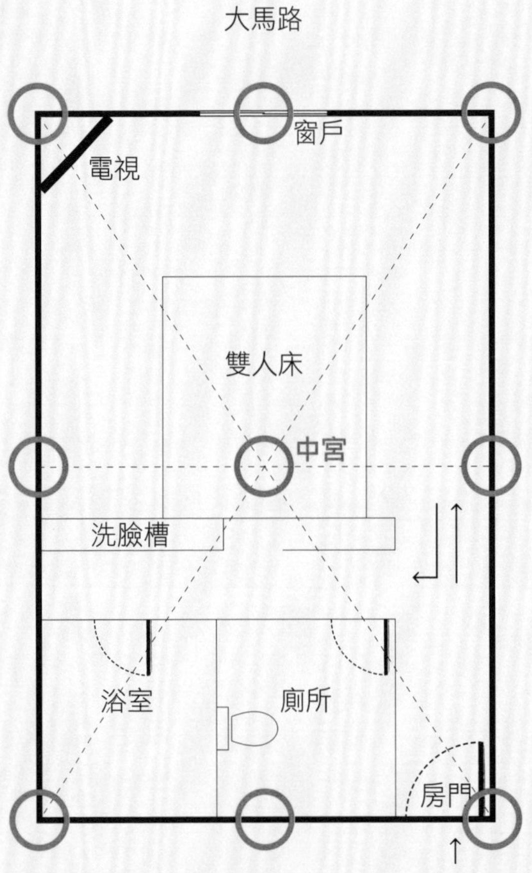

圖7-3 此圖為一間飯店套房的格局，剛好睡床在中宮，這樣的格局絕對不能安排在家中。睡床在中宮是大凶的配置。

文昌位與財位帶來了成功富貴

在這裏，我又要提點大家一個迷思了。坊間的風水書籍常常談到的「文昌位」，但他們著眼的都是短暫的意義，往往沒思考長遠的影響。其實，「文昌位」並不是讀書的位置，而是孩子睡覺的那張床。睡在波動穩定的磁場上，才能夠增進學習的穩定度，對小孩才會有幫助。

二十多年來，我幫很多朋友看房子，往往會把注意力放在所謂的「財位」上，但處理好主床或主位後，總會也順手幫幫朋友的兒女安排好床位，因為孩子的床位對他們的未來影響很大。

文昌位是睡覺的床位

近年來，我才猛然醒悟，從小就安排好床位的孩子，當他們長大成人之後，每個人表現得都非常傑出，這是非常令人興奮的意外所得。好風水能雕塑傑出的人物很多人提，但很少有風水書籍會談到討論到對兒女方面的影響。其實將床位擺在文昌位的時間，就好比手機沒電了，充電一小時和充電三小時的差別，**孩子從小就睡在好的文昌位，跟長大了再來睡文昌位，那效果是迥然不同的。**

提醒大家，我們每天睡覺充電的地方非常重要，床位設在北面和南面，就會造就不同的結果。多年來，我印證的心得是，睡在北面床位的孩子，學習能力強過設在南面的學生。

玄空學論財位，給大眾正面思考的力量

真正的財位有兩種，分陰陽，也就是旺男主人或是旺女主人。財位的設計在玄空學當中尤其重要，設計得好就會帶給來好運，多年來我屢試不爽，常常令我感到很興奮、很雀躍，而且一次次的讚歎它的不可思議。這裡簡單介紹一點條文，希望讀者能領略當中的精神。

- **「二黑飛乾，逢八白財源大進」**：出自《紫白訣》。臺灣人喜歡用諧音一六八（一路發），但其實應該是「二六八」更精確，我常常會建議好朋友電話或是汽車車牌使用八二六八（發了又發），或許，會給你帶來好運也說不定哦！

- **「天市合丙坤，富堪敵國」**：出自《紫白訣》。這裏談到的丙，指的是南方設床位，或是大門開在南方，非常利於進財。
- **「富近陶朱，斷是堅金遇土」**：出自《玄空祕旨》。土金相生後，主富；這裡是指買房地而發富。
- **「天臨山上家富貴，山起天中賢子孫」**：出自《搖鞭賦》，此條文奇準無比，我常用於老闆的辦公室。
- **「輔弼相輝，田園富盛，子孫繁衍」**：出自《玄空祕旨》，這指的是紫白八、九星飛臨的狀況。

「財位」真的存在嗎？你聽說過坊間流傳「進入門宅的對角，就是家裏的財位」的說法嗎？這是錯誤的，哪有這麼簡單的事！妙的是很多的人都想用最簡單的方法找出財位，所以這個說法便被以訛傳訛的流傳數十年。

「財位」在風水學上的確是存在的，重點是如何運用呢？這是很多人都沒有想到的事，「財位」又是在家庭的哪個地方呢？「財位」上一定要放個保險箱或聚寶盆嗎？相信這是很多人心中的疑惑。

每間房子的財位都不同，要睡在財位上才會聚財

為了研究出家裏的財位，我曾做過很長時間的實驗。很多年前，我也買過七星連珠聚寶盆，擺放在家裏，現在想想實在可笑又荒唐，任何的聚寶盆、水晶洞之類的商品，都只是裝飾效果而已。

在玄空風水的理論中，財位必須用五行相生相剋的方式找出來，每一間房子的財位都不同。重點是，**屋主必須睡在財位才會產生作用**，但很多人將小孩的房間設計在「財方」，所以小孩的零用錢很多，大人卻睡在不吉的方位，經常為錢發愁。

風水是能量的轉動，睡在上面就是幫自己充電補充能量——這種能量必須長期累積。有錢人之所以會比較富有，並沒有什麼投機取巧的訣竅，都是長期累積財富才變有錢人，這個法則永遠都不會改變。

玄空風水對於財位的論述很有哲理，比方說二黑飛星是病符星，這顆星星到來往往會帶來病痛，但是二黑星飛到生氣方卻會變成「二黑生氣先旺財」。在過去的很多年裏，我在我的某一位從事工程的朋友身上做實驗，結果成績斐然，這讓我找到了證明，就立即複製在更多朋友身上，成績就更加顯現，讓我真實見證了「財位」的存在。

大師叮嚀

風水考驗人性

人性裏有背恩忘義的一面，但是最執著、單純、孝順、懂得感恩的人，往往會得到風水最大的助益。不要以為你這一生只會搬一次家，或是只會開一間公司，或是因為一時的飛黃騰達，就對人對事表現忘恩負義，風水是長長久久一輩子都要注重的事情，為人要懂得感恩，待人也能夠誠實誠懇，才會更加增添自家的福氣。

珍藏多年的傳家寶1——選屋篇

《沈氏玄空學》是研習風水的入門書籍，相傳是清朝同治年間沈竹礽所著，這本書提到一個膾炙人口的故事，在我剛開始研習風水時，曾讓我拍案叫絕……。

故事是這樣的：

一個大師來到了某戶人家，立即就看出這宅子的女主人是寡婦，而且女主人偷男人，那個男人還是個和尚。大師非常神準的看出來寡婦偷男人，是因為運用風水學做出的判斷，因為這是座北朝南的房子，而且是開東南方的門，東南方是巽，也代表桃花，是長女，是寡婦，也代表僧侶，所以東南來的桃花必定是僧人和尚，與此宅的寡婦苟合。

當年看到這個故事時，不禁心生羨慕，想著哪一天我的風水也能高明到這個境界就好了。如今，我想要跟讀者說，玄空風水學真的是**老祖宗留給我們最大的遺產**，多年來，我運用風水學幫助很多人成功富貴，只要你的住家是好風水，大門、床位、爐灶都安排在正確的位置上，必定成功、富裕無疑。

選屋祕訣總整理

以下，我將研習二十多年的經驗公布給讀者分享，這是我珍藏許久的傳家寶，相信讀者看了，必對你選屋有極大的裨益！

①買屋、建屋，宜長方形或正方形為宜，不可缺角或畸形。若缺角，恐宅中人口不圓滿；若畸形，恐人格不健全。

②宅外看得到的地方，不可有枯木、巨型招牌、牌樓、大電桿、出水口、門路沖等，若看得到以上列舉這些，往往不吉者居多。

③居家附近，若有河道、池塘、游泳池，應小心。水池若見水放光，感應極速，甚為重要，因水的傳導磁場較正常氣場快三倍，吉則大吉；凶則大凶，慎之。

④屋向、門向的角度極為重要，一個圓周三六〇度分八卦，

風水小知識

《沈氏玄空學》

是清朝玄空風水學家沈竹礽所撰，但書未完成即逝世，由其子沈祖緜及門生們整理手稿再增補，此書重編後，由四卷增至六卷，此書引導後人領略玄空風水的智慧與精髓，是研究玄空風水學必讀之書。

沈竹礽，生於西元一八四九年，卒於西元一九〇六年，是浙江錢塘人，原名沈紹勳，字竹礽，他以畢生精力苦心研究玄空風水，無師自通，是清代玄空風水學的重要人物。

每卦四十五度，其中有八個極凶的角，分別如下。記住，若房宅是以下的角度正負三度以內均大凶，不可居住，否則會有破產、倒閉、凶案、官司、結仇、車禍等意外不斷，千萬不可大意：(a)二十二・五度；(b)六十七・五度；(c)一百一十一・五度；(d)一百五十七・五度；(e)二百〇二・五度；(f)二百四十七・五度；(g)二百九十二・五度；(h)三百三十七・五度。

⑤現代住宅大樓、地下車場出入口，對面的房宅一樓大部分不吉，也是路沖。

⑥住家附近，儘量避免有墳墓、廟宇、高壓電場，均不吉。

⑦門基不可低於路面，難以收旺氣則轉為凶，難以為富。

⑧若房子是二、三樓的建築，擬增建三、四樓宜慎，最好請教專家後，再建為宜，因為房子增建後，風水即改變，一般人難判斷變好或變壞，則視成「旺山旺向」或「上山下水」定其吉凶，莫貪為宜。

珍藏多年的傳家寶2——居家篇

有人住進新居之後愈住愈發，愈來愈旺，有人卻是搬了新家後一路消沉，甚至公司倒閉、破產的下場。千萬不要花了幾千萬卻買間不平安的住家，買間房子來害苦自己。買房子不是小事，要避免任性與主觀，最好找個有經驗的風水大師，而且能成功驗證，這樣才能幫你找到成功又舒適的房子。

我常常叮嚀朋友們，要多關注自己居家的風水，不要只會埋頭工作，住有好風水的地方，好運必定會相隨，而你投注多少心力就會有多少結果，以下整理出我觀察居家風水的幾項重點，希望讀者能重視：

①臺灣一般家庭客廳，喜放置魚缸，稱之風水魚，在風水學裏其實沒什麼意義，不反對亦不鼓勵，若想擺放魚缸，放在宅的北方、東方、東南方為宜。

②臺灣民間傳說有左龍右虎的觀念，有人說龍怕臭，因此廁所不可建於左方青龍方，

其實此說毫無根據，不可信。若要子弟會讀書，房間內不要設廁所為宜，玄空挨星一四、一六、一三、六八之處，若有廁所，子弟必無讀書人。

③住家的火灶（瓦斯爐）的方位非常重要，若設在北方為病灶，主家中人口常年吃藥，若設在西北方則主家有不孝子、父子不合、甚至生離死別，不可不慎。

④住家若要裝潢改建或地磚換新，必須動土時，應特別注意，千萬不可動及太歲方和五黃煞方。此外，需注意一點，太歲和五黃每年位置都會改變。請大家切不可在太歲頭上動土，否則立見凶禍。

以下表列未來十年太歲方、五黃煞方輪值表，站在家中的中心點上分東西南北再按下圖尋知太歲及五黃煞方。照表行事，可保平安。

西元	天干地支	太歲	五黃
二〇一六	丙申	西南西	東北
二〇一七	丁酉	西	南
二〇一八	戊戌	西北西	北
二〇一九	己亥	西北北	西南
二〇二〇	庚子	北	東
二〇二一	辛丑	東北北	東南

二〇二二	壬寅	東北東	宅中宮
二〇二三	癸卯	東	西北
二〇二四	甲辰	東南東	西
二〇二五	乙巳	東南南	東北
二〇二六	丙午	南	南

風水是一種信仰！

結語 富人講究，窮人將就，待人以誠福自來

這些年，我常有一種感觸，那就是富人會做的事情，窮人常常不願意去做。

我有一位現在非常成功富裕身價達百億的朋友，近十年來，我們幾乎每個月都會相聚，也一起去看房子、買房子。多年來，我指導他很多新的風水觀念，他對我的建議總是言聽計從，從不懷疑，除了他的父母之外，我幾乎成為他最信任的人，我可以深深感受到那份器重，也相當珍惜這份情誼。

知人善任，才能得到永續的富貴

我們相識之初，他負債不少，每月利息支出沉重，但是多年來，他花費在我身上的時間與金錢，卻是最多也從不手軟，讓我搭最好的艙等，住最棒的旅館，待我禮敬有加，就是期待能夠借助風水學幫助他扭轉乾坤。也許，有人會笑他很傻，但我卻不是這樣想的，我反而

認為他最有智慧，最懂得知人善任，換個角度想，他只運用很少的代價，卻得到最大的財富以及永續的富貴。

有句俗話是這麼說的：「種瓜得瓜，種豆得豆。」上天是很公平的，種什麼因，就會得什麼樣的果。我相信沒有一個企業家願意當傻瓜，天下也沒有白吃的午餐，他今天的富裕是他懂得識人之明，我認為是應該的，這種富裕來得理所當然，而他做的種種，卻往往是一般人不願做的事。我認識許多成功又富裕的人，往往表現得知所輕重，黑白分明，面面俱到，讓我們體認到，一個人之所以會這麼成功，絕非僥倖。

過於聰明算計，無法得到風水的助益

我也常常遇過一些沈（省）老闆，常常叫我「順便」幫他或是他的朋友看房子，基於良心，即使沒有報酬，我也不願意草率了事。但畢竟「天下沒有白吃的午餐」，**風水學是個成功學，也是一項很大的工程，它是一個長期的概念，並不是「順便」看看就好了**。那些沈（省）老闆的經濟能力往往都很好，但是總是表現出喜歡利用人的不良態度，讓人難以忍受其輕蔑，當然，他往後就沒有機會享受到成功富裕的福氣。

我也遇過這樣一個年輕人，他每天早上在我下榻的酒店等我，表現得很謙虛又恭敬，帶我去吃早餐：「大師，我很想成功，你是否可以幫幫我？以後有錢我一定不會忘了你。」當時心裏也想幫幫年輕人，就幫找了一個風水很好的住居。這個年輕人從風水很差的地方改到風水很好的住居，不出幾年就賺了很多錢，但是他成功之後就不再跟我聯絡了，表現得非常現實。多年來，我看過很多態度不誠，很會算計或是自以為聰明的人，往往最後都得不到風水的助益！

為人大氣又勤奮，成功富裕自然來

如果一個人夠大氣，福氣就會自然降臨到他身上，很多人總是會存著能過且過、輕率馬虎，有機會就想占點便宜的心態，最後，不但不會占到便宜，反而可能失去更多成功富裕的機會！

許多富裕又成功的人，都懂得對信仰表現敬意，對人對事處處講究，當然對風水也不會馬虎了事，他們對待自己的房子，就如同像對待自己的身體一般，所以對室內室外的風水都極為重視，他們成功當然也不必意外了。

尤其**一間房子的大門風水更是重要**，有許多不了解風水的人，會不以為然。其實，高明的大師可利用五行的相生相剋之關係，找出和房子相生有利的方向來開門，那會湧出不可思議的神奇力量，有助於事業的發展與財富的累積，和身體的病痛更是息息相關，不論是大樓的層面或是別墅住宅的大門，它都會影響一家人的成敗，不可不慎。

大門之外的明堂也很重要，如果有種植花草樹木，可勤於灑掃，盡量讓樹木花草呈現欣欣向榮與茂盛的狀態，或許你會想，貧窮苦難之人，只顧三餐溫飽便可，根本沒有心思餘力去管花卉，這就是我說的「富人講究，窮人將就」之道理。其實，如果沒有心思照顧花卉，也應該保持大門明堂的乾淨整潔，這就像你善待自己的房子一樣，如果勤於照顧屋子的每個角落，讓屋內保持得乾乾淨淨，屋外維持容光煥發的狀態，必定對風水有相當的助益！

附錄一

要搞懂風水，先認識羅盤

對一個初接觸風水的人而言，羅盤就像看不懂的天書一樣，但對於一個真正專業的風水大師來說，他一定會有一個自己專門的羅盤，而且能很清楚的看懂羅盤上面的提示。也許很多人認為，羅盤太複雜了，怎麼看也看不懂，因為羅盤的學問可謂包羅萬象、博大精深，非一朝一夕可學得。

但是我希望讀者能對羅盤有最基本的了解與認識，因為在這年頭，懂點風水是必要且重要的。以下，我就站在讀者的立場，為大家介紹羅盤的基本構造和使用方法。

羅盤基本構造

羅盤的學名為「羅經」，也稱為「羅庚」，可說是現代指南針的前身，基本的作用就是定座向，以下就簡單介紹羅盤的三個基本構造：

・天池

天池又稱「海底」，也就是指南針，指南針有箭頭的那端所指的方位是南，另一端指向北方。

現代羅盤的海底畫有十字線，十字線頂部分別印有東西南北，使用時，應使磁針的指北端指向海底十字線的北端，並使磁針與海底的南北線重合。

・內盤

就是緊鄰指南針外面那個可以轉動的圓盤。內盤面上印有許多同心的圓圈，一個圈就叫一層。層數有的多，有的少，最多的有五十二層，最少的只有五層。其中一層為可判斷座向的二十四方位。

・外盤

外盤為正方形，是內盤的托盤，在四邊外側的中穿入紅十字線尼龍繩稱為天心十道，天心十道要求相互垂直。

剛買來的新羅盤，使用前都要對外盤進行校準才能使用。

使用方法

在使用羅盤之前，如果身上有干擾羅盤磁場的物品，像是鐵器、汽車通過或行動電話，記得都要暫停使用。此外，附近要是有電線杆、電箱……等會干擾電磁場之建築和物品也會影響，測出的結果就會不準。再來，就要檢查羅盤或指南（北）針是否正常，都沒有問題了，再進行使用。

以下先簡單介紹羅盤簡單的使用方法，假設我們現在要開始測量房子的門向：

①我們可將將羅盤持平，雙手分別把持著外盤，再把羅盤放在胸腹之間，並且調整羅盤上的十字線，十字線需與大門的方向保持平行。

②固定了十字線的位置之後，則要開始調整天池內指針方向。可先轉動內盤，當內盤轉動時，天池會隨之而轉動，一直到內盤的磁針與天池內的紅線重疊在一起為止。

③最後，我們可以來判別座向了，坊間羅盤種類很多，無論是哪一種羅盤，中間必定有一層是二十四方位的，而此二十四座山又再由八個卦象代表，即坎、艮、震、巽、離、坤、兌、乾。

卦象與二十四座向對照表

方向	卦位	二十四座山	角度
正北	坎	壬	337.5 - 352.5
		子	352.5 - 7.5
		癸	7.5 - 22.5
東北	艮	丑	22.5 - 37.5
		艮	37.5 - 52.5
		寅	52.5 - 67.5
正東	震	甲	67.5 - 82.5
		卯	82.5 - 97.5
		乙	97.5 - 112.5
東南	巽	辰	112.5 - 127.5
		巽	127.5 - 142.5
		巳	142.5 - 157.5
正南	離	丙	157.5 - 172.5
		午	172.5 - 187.5
		丁	187.5 - 202.5
西南	坤	未	202.5 - 217.5
		坤	217.5 -232.5
		申	232.5 - 247.5
正西	兑	庚	247.5 - 262.5
		酉	262.5 - 277.5
		辛	277.5 - 292.5
西北	乾	戌	292.5 - 307.5
		乾	307.5 - 322.5
		亥	322.5 - 337.5

附錄二

搞懂風水，必先學八卦

八卦是《易經》的基本概念，由三個爻組成，八卦可代表各種自然現象或動態，分別為「天、地、水、火、雷、風、山、澤」，卦名則稱「乾、坤、震、巽、坎、離、艮、兌」。

將八卦兩兩組合起來，便成為了六十四卦。

八卦的表現符號及含意

①乾卦☰：三爻全陽，在自然現象代表天，在五行中屬金，通常代表的是家中的男性或是父親，卦象方位在西北方。

②坤卦☷：三爻全陰，在自然現象代表地，在五行中屬土，通常代表的是家中年長的女性或母親，卦象方位在西南方。

③震卦☳：下爻為陽爻，上二爻為陰爻，在自然現象代表雷，在五行中屬木，通常代表長子，卦象方位在東方。

④**巽卦☴**：下爻為陰爻，其他為陽爻，在自然現象代表風，在五行中屬木，通常代表長女，卦象方位在東南方。

⑤**坎卦☵**：中爻為陽爻，其他為陰爻，在自然現象代表水，在五行中屬水，通常代表次子，卦位在北方。

⑥**離卦☲**：中爻為陰爻，其他為陽爻，在自然現象代表火，在五行中屬火，通常代表次女，卦位在南方。

⑦**艮卦☶**：上爻為陽爻，其他為陰爻，在自然現象代表山，在五行中屬土，通常代表幼子，卦位在東北方。

⑧**兌卦☱**：上爻為陰爻，其他為陽爻，在自然現象代表澤，在五行中屬金，通常代表幼女，卦位在西方。

先天八卦與後天八卦

世傳八卦圖有兩種：俗稱的「先天八卦」又稱伏羲八卦方位圖，「後天八卦」又稱文王八卦方位圖。

先天八卦即伏羲八卦，以《易・繫辭上》所說的「易有太極，是生兩儀，兩儀生四象，四象生八卦，八卦定吉凶，吉凶生大業」的生成原理產生的，至於擺放八個卦的位置，除了「天」放置在最上；「地」放置在最下，其餘六個卦都沒有說明應放的位置，後天八卦圖又稱文王八卦圖，即震卦為起始點，位列正東。按順時針方向，依次為巽卦，東南；離卦，南；坤卦，西南；兌卦，正西；乾卦，西北；坎卦，正北；艮卦，東北。

伏羲之先天八卦圖

文王之後天八卦圖

八卦也代表家庭的組成分子

八卦，它就是八個方向，東、西、南、北、東北、西南、西北和東南八個方向，內中分四陰四陽代表陰陽平衡，四陽代表家庭裏的父親、長男、中男、少男，四陰就是家庭裏的母親、長女、中女、少女，這種的思維非常符合人類家庭組織的現象，也含有儒家孝悌傳承、長幼有序、男女平等的意義，八卦的八個卦位，代表家庭裏頭的組成份子，這是缺一不可的，所以我幫人看房子，特別重視房子的方正，長方或正方都可以，就是不喜歡缺角，這是代表家裏缺一個人口。

Joyful
Life
18

富人講究
窮人將就
右錄吳海先生風水句
歲在乙未大暑